Johann Wolfgang von Goethe

Iphigenie auf Tauris

von Udo Müller

Klett Lerntraining

Udo Müller, langjähriger Gymnasiallehrer für das Fach Deutsch. Federführung für das schriftliche Zentralabitur Deutsch in Baden-Württemberg.

In der Reihe „Editionen für den Literaturunterricht" ist erschienen: Johann Wolfgang von Goethe, „Iphigenie auf Tauris", mit Materialien, ausgewählt von Bernhard Nagl, Leipzig/Stuttgart/Düsseldorf 2004, Klettbuch 352810.
Alle Textzitate beziehen sich auf diese Ausgabe.

9 783129 230626

Bibliografische Information der Deutschen Bibliothek
Die Deutsche Bibliothek verzeichnet diese Publikation in der Deutschen Nationalbibliografie; detaillierte bibliografische Daten sind im Internet über http://dnb.ddb.de abrufbar

Auflage   7. 6. 5. 4. | 2017 2016 2015 2014
Die letzten Zahlen bezeichnen jeweils die Auflage und das Jahr des Druckes.
Alle Rechte vorbehalten.
Dieses Werk folgt der reformierten Rechtschreibung und Zeichensetzung. Ausnahmen bilden Texte, bei denen künstlerische, philologische oder lizenzrechtliche Gründe einer Änderung entgegenstehen.

© Klett Lerntraining c/o PONS GmbH, Stuttgart 2010
http://www.klett.de/lernhilfen
Umschlagfoto: Klassik Stiftung Weimar-Museen / Inv. Nr. KHz1993/00682
Satz: DOPPELPUNKT, Stuttgart
Druck: Beltz Bad Langensalza GmbH
Printed in Germany
ISBN 978-3-12-923062-6

Inhalt

Einleitung

Goethes Schauspiel „Iphigenie auf Tauris" gilt traditionell als eines der großen Gipfelwerke der deutschen Klassik. Dafür lassen sich gute Gründe finden. Neben Schillers fast gleichzeitig erscheinendem großen Gedicht „Die Götter Griechenlands" ist „Iphigenie" das zentrale Dokument für die dichterische Hinwendung der Frühklassik zur griechisch-antiken Welt. In seiner ebenso strengen wie natürlich fließenden Verssprache ist das Schauspiel eine der höchsten Ausprägungen des klassischen Stilideals, das auf die Versöhnung sinnlicher Schönheit und vernunftgesteuerter Gesetzlichkeit abzielt. Schließlich ist die klassische Botschaft bedingungsloser Humanität nirgendwo eindringlicher gestaltet worden als in diesem Werk. „Alle menschlichen Gebrechen / sühnet reine Menschlichkeit", schrieb noch der alte Goethe als programmatische Widmung in ein Druckexemplar für den Schauspieler Krüger, der als Orest aufgetreten war.

Derselbe Goethe bezeichnete sein Schauspiel in einem Brief an Schiller vom 19. Januar 1802 freilich auch als „Wagestück" und setzte mit unüberhörbarer Selbstironie hinzu, es sei „ganz verteufelt human". Das ist nicht nur die Enttäuschung eines Autors, dessen Werk seit eineinhalb Jahrzehnten links liegen gelassen worden war. Die Äußerung spiegelt auch die gemischten Gefühle des Autors gegenüber einer Utopie des Menschlichen, wie sie radikaler kaum gedacht werden kann. Das Schauspiel höchster menschlicher Harmonie erweist sich über zwei Jahrhunderte bildungsbürgerlicher Inbesitznahme hinweg als ein radikal utopisches Wunschbild. Das Ideal ist hier nicht Besitz, nicht Zustand, sondern Fluchtpunkt – Fluchtpunkt, der buchstäblich mit den letzten zwei Worten, die auf der Bühne fallen, erreicht wird; der mit innerer Notwendigkeit in das Jenseits der menschlichen Auseinandersetzung verlegt ist. Im Stück selbst türmen sich die Hindernisse auf allen Seiten, zieht sich die Kette der einander hervorbringenden Freveltaten immer enger. Auch gerade Iphigenies eigenes Verhalten ist bis auf den letzten Sprung, die „unerhörte Tat", in der sich alles löst, taktisch – und das heißt: noch nicht human. Menschlichkeit, so heißt die wahre Botschaft dieses Schauspiels, ist nichts dem Menschen Natürliches, sie kann in einer großen Anstrengung mühsam erkämpft werden.

Damit distanziert sich Goethes Schauspiel von jeder hochtönenden Phrase, von jedem billigen Optimismus. Dem Menschen wird hier das Unerhörte abverlangt, und er muss es aus seinem Inneren hervorbringen. Dass dies dem Menschen letzten Endes zugetraut wird, trennt die klassische Gedankenwelt von unserer heutigen; dass die darin liegende Überforderung des Menschen mitgesehen wird, rückt sie uns – möglicherweise – nahe.

Dass ein Humanitätsideal, projiziert auf die zeitliche und räumliche Ferne der griechischen Antike, erdichtet in einem Zeitalter kriegerischer Gewalt und sozialer Not, auch für den Autor selbst etwas Verdächtiges an sich hatte, dafür gibt es einen merkwürdigen Beleg. Goethe, der im Februar 1779 auf preußischen Druck hin Rekruten ausheben, also weimarische Landeskinder zum Militär pressen musste und buchstäblich bei dieser Tätigkeit, so ist bezeugt, an seiner „Iphigenie" schrieb, reißt in einem Brief aus Apolda vom 6. März 1779 an Charlotte von Stein die ganze Kluft zwischen Ideal und Wirklichkeit auf: „Hier will das Drama gar nicht fort, es ist verflucht, der König von Tauris soll reden als wenn kein Strumpfwürcker in Apolde hungerte."

Der inhaltliche Aufbau des Schauspiels

I. Aufzug

Aufbau:

- ⟶ Vier kunstvoll aufeinander abgestimmte Auftritte.
- ⟶ Symmetrie: Beginn und Ende mit Monologen Iphigenies, Dialoge in den mittleren Auftritten.
- ⟶ Steigerung: Iphigenies Monolog im 1. Auftritt beklagt ihre bestehende Notlage, der Monolog im 4. Auftritt deren aktuelle Zuspitzung; Iphigenies Gesprächspartner im 2. Auftritt (Arkas) ist dem im 3. Auftritt (Thoas) untergeordnet.

Inhalt:

- ⟶ Klage über Einsamkeit und Entfernung von der griechischen Heimat.
- ⟶ Aufforderung des Arkas, Iphigenie möge der Werbung des Königs um ihre Hand nachgeben.
- ⟶ Iphigenies Hinweis an König Thoas auf ihre fluchbeladene Herkunft; Drängen des Königs auf Vollzug des Menschenopfers an zwei Fremden.
- ⟶ Iphigenies Gebet an die Göttin Diana, die sie vor der Bluttat bewahren soll.

1. Auftritt

Die Priesterin Iphigenie betritt den Hain vor dem Tempel der Göttin Diana auf der Insel Tauris, der Schauplatz der gesamten Handlung ist. Iphigenie beklagt ihr Schicksal, das sie, die Griechin, seit Jahren hier auf der fremden Insel festhält, „Das Land der Griechen mit der Seele suchend". Den Dienst an der Göttin Diana, den ihr der Taurerkönig Thoas, „ein edler Mann", auferlegt hat, kann sie nur mit „stillem Widerwillen" versehen, weil sie sich durch die Trennung von Eltern und Geschwistern und durch die Ungewissheit über deren Schicksal vereinsamt fühlt. Zugleich erfährt sie dieses über sie verhängte Geschick als ein spezifisch weibliches: „Der Frauen Zustand ist beklagenswert", da sie in einer krie-

Iphigenies Situation in der Fremde

Duldende Rolle der Frau

7

gerischen Welt nicht wie die Männer durch mutige Taten selbst Einfluss nehmen können, sondern dulden und warten müssen. Der Auftritt mündet in ein Gebet, das Iphigenie, trotz aller inneren Bedrängtheit noch hoffend, an die Göttin richtet. Sie will, einmal „vom Tod errettet" (als sie zugunsten der Ausfahrt der griechischen Flotte geopfert werden sollte, vgl. S. 9 und 71), auch „von dem Leben hier, dem zweiten Tode" gerettet und zu den Ihren zurückgeführt werden.

Hoffnung auf Rückkehr

2. Auftritt

Arkas, der Vertraute des Taurerkönigs Thoas, erscheint, bringt Iphigenie die Nachricht von einem Sieg und kündigt das Erscheinen des Königs an. Arkas wirft Iphigenie ihre Verschlossenheit und Unnahbarkeit vor; sie rechtfertigt sich mit ihrem „Frauenschicksal", das sie aus dem Kreis der Heimat und der Familie in die Fremde geführt hat. Arkas hält ihr andererseits vor Augen, welche segensreichen Folgen ihr Wirken als Priesterin auf Tauris hat: Iphigenie hat „des Königs trüben Sinn erheitert" und es mit sanfter Überredung dahin gebracht, dass der alte barbarische Brauch, jeden auf die Insel kommenden Fremden als Menschenopfer der Göttin Diana darzubringen, nicht mehr gepflegt wird. Arkas spricht nun von der bevorstehenden Werbung des Königs um Iphigenie und fordert sie auf, „Gefällig ihm den halben Weg entgegen" zu kommen. Iphigenie, die den König noch nicht über ihre Herkunft aufgeklärt hat, sieht sich in bedrängter Lage, noch mehr und in anderer Hinsicht als zu Beginn. Sie kann und will wegen des fluchbeladenen Schicksals ihrer Familie auf die Werbung nicht eingehen und fürchtet zugleich, auch durch Arkas' Andeutungen, der König könnte als Abgewiesener in bereits überwundene gewaltsame Verhaltensweisen zurückfallen.

Iphigenies Wirken auf Tauris

Ankündigung der Werbung des Thoas

3. Auftritt

Iphigenie empfängt den eintreffenden König mit Segenswünschen. Er, dem Feinde den Sohn erschlagen haben und der jetzt ihr „Reich zerstört" hat, spricht von der Leere seines Hauses und von seinem Wunsch, Iphigenie als „Braut in meine Wohnung einzuführen". Auf

Thoas' Werbung

ihre zunächst ausweichende Antwort drängt er sie, ihm endlich ihre bisher verschwiegene Herkunft zu offenbaren. Sie gibt nun – in der Hoffnung, durch diese Enthüllung seiner Werbung zu entgehen – preis, dass sie aus dem Geschlecht des fluchbeladenen Tantalus stammt, und berichtet dem König von der Kette der Freveltaten, die sich von der Auflehnung des Tantalus selbst gegen die Götter bis zu Kindermord, Brudermord und Ehebruch der Enkel Atreus und Thyestes spannt. Iphigenie gibt sich als Tochter des Agamemnon, des ältesten Sohnes von Atreus, zu erkennen. Sie erzählt von ihrer geplanten und von der versöhnten Göttin Diana abgewendeten Opferung in Aulis, bei der sie durch eine Wolke verhüllt und in den Tempel auf Tauris weggetragen wurde. „Der Göttin Eigentum" sei sie nun und könne darum Thoas' Werbung nicht annehmen. Als Thoas dennoch auf seinem Werben beharrt und Iphigenie ihre Weigerung verteidigt, gebietet der enttäuschte König, die früheren Menschenopfer wieder aufzunehmen. Zwei Fremde, die am Ufer versteckt gefunden worden sind, sollen als Erste sterben; damit will Thoas sein Volk, das die bisher unter Iphigenies Einfluss ausgebliebenen Opfer verlange, besänftigen. Iphigenie gerät so unter äußersten Druck, da sie selbst als Priesterin die Opfer vollziehen müsste.

Enthüllung der Herkunft Iphigenies

Iphigenies Erzählung von der Rettung in Aulis

Thoas' Ankündigung, die Menschenopfer wieder aufzunehmen

4. Auftritt

In einem inbrünstigen Gebet wendet sich Iphigenie nun erneut an die Göttin: „O enthalte vom Blut meine Hände". Sie beschwört die erwiesene, ihr selbst schon zuteil gewordene Wunderkraft Dianas („Du hast Wolken, gnädige Retterin") und zeichnet in all ihrer Bedrängnis das Bild einer göttlichen Instanz, die mildtätig und wohlgesinnt dem Menschen „das flüchtige Leben" gönnt. Dieser Instanz vertraut sie sich an.

Die Götter als wohltätige Instanz

II. Aufzug

Zusammen-
fassung
II. Aufzug

Aufbau:
- ➡ Zwei Auftritte, die mit dem Erscheinen der Fremden (Orest und Pylades) beginnen und Pylades dann mit Iphigenie konfrontieren.
- ➡ Vereinbarung zweier Funktionen: Weiterführen der Handlung und teilweise Erhellung der Vorgeschichte.

Inhalt:
- ➡ Orests Verzweiflung über den Fluch, der auf seinem Geschlecht liegt und ihn zum Muttermord getrieben hat.
- ➡ Pylades' Hoffnung auf Rettung durch kluges Handeln und aufgrund eines Spruchs des Apoll, der Hilfe in Aussicht gestellt hat.
- ➡ Gespräch zwischen Iphigenie und Pylades, die ihre Identität voreinander verbergen; Iphigenie erfährt vom Ende des Trojanischen Kriegs und den Morden an Vater und Mutter.

1. Auftritt

Orest
und Pylades:
Verzweiflung
und Hoffnung

Die beiden zum Opfer bestimmten Fremden treten auf. Aus ihrem Gespräch ergibt sich, wer sie sind: Iphigenies Bruder Orest und sein Freund Pylades. Orest, auch er unter dem Eindruck des Fluchs, der auf seiner Familie liegt, nimmt den „Weg des Todes" für sich an und bedauert lediglich den Gefährten, der mit ihm gehen soll. Pylades selbst ist jedoch noch nicht verzagt und sinnt auf eine Gelegenheit zur Flucht; er beruft sich dabei auf ein Wort des Gottes Apoll, der „Trost und Hülf' und Rückkehr" im „Heiligtum der Schwester" vorausgesagt hat. Beide beschwören die gemeinsamen Jugendtage, die für Orest jedoch verdüstert sind durch die Kette der Frevel in Tantalus' Haus; er selbst hat sie als Rächer des Vaters und Mörder seiner Mutter Klytämnestra fortgesetzt. Jetzt erwartet er sein ruhmloses Ende. Dagegen erinnert Pylades erneut an Apolls Wort, das beide so verstehen: Wenn das Bild der Diana von der Barbareninsel nach Delphi zurückgebracht werde, bedeute das Rettung. Der klug berechnende Pylades setzt darauf, dass die Priesterin als „göttergleiches Weib" sich zur Rettung einsetzen lasse;

Apolls Auftrag,
die Schwester
zurückzuholen

doch will er ihr zunächst nicht die Wahrheit über seine und Orests Person anvertrauen. Er will zuerst allein mit ihr sprechen und bestimmt Orest dazu, sich zu entfernen.

2. Auftritt

Iphigenie erscheint nun, erkennt Pylades als Griechen und nimmt ihm die Ketten ab, mit denen er gefesselt ist. Pylades gibt zwar – zutreffend – an, dass Blutschuld auf seinem Gefährten laste, führt ihn und sich jedoch unter falschen Namen als Söhne eines Teilnehmers am Kampf um Troja ein. Auch Iphigenie bezeichnet sich nur als „Priesterin", so dass beide nicht wissen, wer ihr Gegenüber in Wahrheit ist. Dennoch erfährt Iphigenie aus diesem Gespräch, das so sehr im Zeichen der Verstellung beider steht, die ihr bisher unbekannte Kunde vom Fall Trojas, aber auch die Schreckensnachricht vom Ehebruch ihrer Mutter Klytämnestra mit Ägisth und von der Mordtat der beiden an dem zurückgekehrten Agamemnon. Sie verhüllt ihr Haupt, als Pylades die Opferung der Tochter Iphigenie (mit der er ja ohne sein Wissen spricht) als Grund für Klytämnestras Abwendung von Agamemnon nennt und damit als Ursache der neuerlichen Frevel. Pylades deutet Iphigenies tiefen Schmerz als Zeichen dafür, dass sie das Königshaus offenbar gekannt habe, also „zu unserm Glück, aus hohem Hause / Hierher verkauft" sei.

Gespräch mit Pylades in Unkenntnis der wahren Namen

Kunde vom Fall Trojas

III. Aufzug

Aufbau:

➞ Symmetrie: Drei Auftritte, in deren mittlerem nun Orest seine Wahnvision ausspricht; zu dieser äußersten Verzweiflung führt der erste Auftritt, von ihr befreit der dritte.

➞ Steigerung: Nach Pylades, der den II. Aufzug dominiert, steht nun im III. Aufzug Orest im Mittelpunkt.

➞ Wie im II. Aufzug Verbindung von Zuspitzung der Handlung und weiterer Enthüllung der Vorgeschichte.

Zusammenfassung III. Aufzug

11

Zusammen-fassung III. Aufzug	**Inhalt:**
	⇒ Orests Selbstanklage wegen des Muttermords und die Enthüllung als Bruder Iphigenies, die sich nun auch zu erkennen gibt.
	⇒ Äußerste Verzweiflung Orests, der sich wahnhaft neben seinen fluchbeladenen Ahnherren in der Unterwelt sieht.
	⇒ Rückkehr Orests in die Wirklichkeit durch Iphigenies Anruf an Diana und Apoll; seine Hoffnung auf Erlösung und das Drängen des Pylades auf kluges Handeln.

1. Auftritt

Iphigenie trifft nun auch mit Orest zusammen und löst seine Ketten, noch ohne zu wissen, wer er ist. So befragt sie ihn weiter nach dem Ende ihres Vaters Agamemnon, gleichfalls ohne ihren Namen zu nennen. Nachdem Orest die Schreckensbotschaft des Pylades bestätigt hat, fragt sie weiter nach dem Schicksal ihrer Geschwister Orest und Elektra. Darauf enthüllt Orest (immer noch ohne sich zu erkennen zu geben), wie er von Elektra am Tag des Mordes an Agamemnon verborgen und zu einem Schwager des Vaters gebracht wurde, der ihn mit dem eigenen Sohn Pylades aufzog; wie er dann von Elektra den Rachedolch erhielt und seine Mutter Klytämnestra tötete. Als Orest schließlich in äußerster Bewegung schildert, wie die Rachegöttinnen (Erinnyen, Furien), „der Nacht uralte Töchter", ihm keine Ruhe lassen und ihn auch auf der Flucht verfolgen, zieht Iphigenie selbst die Parallele zwischen der Lage ihres Bruders und der des Fremden, mit dem sie spricht. Darauf gibt sich Orest zu erkennen: „zwischen uns / Sei Wahrheit!"

Auf dem Weg über die Erinnerung daran, dass Orest neben Elektra noch eine zweite Schwester hatte, treibt Iphigenie das Gespräch mit dem in Todesahnungen weiterbrütenden Orest so weit, dass auch er sie nun als seine Schwester vor sich sieht. Während in ihr trotz der verzweifelten Lage der Jubel über das Wiederfinden ihres Bruders überwiegt, vermag der von den Furien getriebene Orest in dem Wiedersehen zunächst nur den Auftakt zu einer weiteren Fortsetzung der Kette der Frevel zu sehen – die Priesterin hat ja den Auftrag, die

Marginalien:
Orests Erzählung vom Muttermord

Wiedererkennung der Geschwister

Iphigenies Jubel

Fremden umzubringen, und scheint damit unter dem Zwang zu stehen, erneut einen Brudermord zu den bisherigen Verbrechen der Familie des Tantalus fügen zu müssen. Seine Vorstellungen von Tod und Untergang werden übermächtig, bis Orest in Ermattung niedersinkt, während Iphigenie nach Hilfe durch Pylades sucht.

Orests Todesvorstellungen

2. Auftritt

Als sich die Hilfe suchende Iphigenie entfernt hat, erwacht Orest aus seiner Betäubung – jedoch nur zu einer grausigen Vision der Unterwelt, in der er seine toten Ahnherren Atreus und Thyestes in gespenstischem Beieinander versammelt sieht, schließlich auch den ermordeten Vater Agamemnon und die von ihm selbst getötete Mutter Klytämnestra: „Willkommen, Väter! euch grüßt Orest, / Von eurem Stamme der letzte Mann; / Was ihr gesät, hat er geerntet". Die Ahnherren nehmen ihn in der Vision in ihren Kreis auf; am Ende steht die bohrende Frage nach Tantalus, dem – als dem Urheber des Familienfluchs – Qualen auferlegt sind.

Orests Vision seiner versammelten Ahnen in der Unterwelt

3. Auftritt

Die hinzukommenden Iphigenie und Pylades begrüßt Orest wie aus der Unterwelt: „Seid ihr auch schon herabgekommen?" Er beklagt nur das Fehlen Elektras; Pylades fordert er auf, Pluto, den Gott der Unterwelt, mit ihm „als neue Gäste" zu begrüßen. Erst Iphigenies Anruf an das göttliche Geschwisterpaar Diana und Apoll, die „Finsternis des Wahnsinns" um Orest zu lösen, dann der diesseitigere Weckruf des Pylades, der Orest auffordert, „den Arm des Freundes und der Schwester", die keine Schatten der Unterwelt sind, zu fühlen, bringen Orest in die Wirklichkeit zurück. Jetzt vermag auch er Freude darüber zu empfinden, dass er seine Schwester wiedergefunden hat: „Es löset sich der Fluch, mir sagt's das Herz. / Die Eumeniden ziehn, ich höre sie, / Zum Tartarus und schlagen hinter sich / Die ehrnen Tore fernabdonnernd zu." Mit dieser Vorahnung einer glücklichen Lösung ist auch er nun frei, sich um Hilfe an die Götter zu wenden, während Pylades auf „schnellen Rat und Schluss", also auf praktisches Handeln zur Rettung drängt.

Orests Wahnvorstellung

Vorahnung einer glücklichen Lösung

IV. Aufzug

Aufbau:

➟ Fünf Auftritte, die ganz auf Iphigenie konzentriert sind.

➟ Symmetrische Anlage, ähnlich dem I. Aufzug: Iphigenies Monologe im ersten, mittleren und letzten Auftritt; dialogische Auseinandersetzungen mit Arkas bzw. Pylades dazwischen.

Inhalt:

➟ Iphigenies Würdigung des Pylades als Helfer, aber auch Vorbehalte gegen dessen listiges Vorgehen.

➟ Hinhalten des misstrauischen Arkas.

➟ Erkennen der Folgen einer Flucht für die Taurer.

➟ Zögern auf Pylades' Verlangen, an der Täuschung der Taurer mitzuwirken.

➟ Zuspitzung des inneren Konflikts: Sicht der Götter als Retter, aber auch als feindliche Macht.

1. Auftritt

In einer freirhythmisch gesprochenen, also aus dem Versmaß herausgehobenen Passage deutet Iphigenie die Ankunft des Pylades als eine Hilfe der Götter in einer Zeit, da sie den Menschen in äußerste Verwirrung zwischen Schmerzen und Freude geführt haben; sie preist Pylades, der durch seine Tatkraft den „Arm des Jünglings in der Schlacht", durch seine Klugheit zugleich „Des Greises leuchtend' Aug in der Versammlung" bietet. Dies kann er, weil er anders als Iphigenie und Orest nicht unmittelbar betroffen von dem Familienfluch ist: „seine Seel' ist stille". Vom anfänglichen Lobpreis des von Pylades ersonnenen „Anschlags" – das Schiff mit den Gefährten wartet heimlich am Strand, um Iphigenie, Orest und Pylades mit dem geraubten Bild der Diana aufzunehmen und wegzubringen – wendet sich Iphigenie aber mehr und mehr ab. Zwar hat der listige Pylades sie darauf vorbereitet, wie sie unter Vorwänden den Forderungen des Königs nach Vollzug des Opfers einstweilen begegnen kann, jedoch erkennt Iphigenie: „O weh der Lüge! Sie befreit nicht, / [...] sie kehrt, / Ein losgedruckter Pfeil, von einem Gotte / Gewendet und

Pylades als Hilfe der Götter

Iphigenies Widerwille gegen Lüge und List

versagend, sich zurück / Und trifft den Schützen." So befindet sie sich im Zwiespalt, als Arkas erscheint und sie als Bote des Königs zum Opfer mahnt.

2. Auftritt

Dennoch verhält sich Iphigenie dem mahnenden Arkas gegenüber zunächst so, wie es der Plan des Pylades vorsieht: Sie erklärt, ihre Pflicht tun zu wollen, wenn nicht ein überraschendes Hindernis sich ergeben hätte. Weil der eine der beiden Fremden mit Verwandtenmord befleckt sei, habe seine Gegenwart die heilige Stätte entweiht, und sie als Priesterin müsse erst mit ihren Jungfrauen das Bild der Göttin im Meer reinwaschen. In einem heftigen Wortwechsel besteht der argwöhnische Arkas jedoch darauf, dass dafür zuerst das Einverständnis des Königs eingeholt werde. Er bedrängt Iphigenie erneut, die Werbung des Königs anzunehmen; dann werde dieser auch nicht auf dem Opfer bestehen, und Iphigenie könne ihr segensreiches Werk, die Erziehung des wilden Inselvolks zur Menschlichkeit, fortführen. Mit erneutem Appell an ihre Nachgiebigkeit begibt sich Arkas zurück zum König.

Iphigenies Verstellung

Arkas' argwöhnische Gegenrede

3. Auftritt

Die allein zurückbleibende Iphigenie bedenkt für sich die Folgen des versuchten Betrugs, die Arkas' Überlegungen ihr neu bewusst gemacht haben. Hat sie sich bisher wie durch eine „Wolke" ganz in der Freude, ihren Bruder wiedergefunden zu haben, und in der Hoffnung auf glückliches Entkommen bewegt, so erkennt sie jetzt auch, was ihre Flucht für das Volk der Taurer bedeuten würde, nämlich den Rückfall in die Barbarei. So muss sie sich gestehen: „Doppelt wird mir der Betrug / Verhasst." Mit dem jetzt auftauchenden Vorsatz „Den festen Boden deiner Einsamkeit / Musst du verlassen!" scheint sie bereits entschlossen zu einer Lösung der Wahrhaftigkeit und des Vertrauens.

Iphigenies Erkenntnis ihrer Verantwortlichkeit für die Taurer

4. Auftritt

Da tritt Pylades, der Urheber der listig vorbereiteten Fluchtpläne und damit der Gegenspieler einer solchen Lösung, wieder auf. Er bringt die frohe Nachricht, dass Orest nun wieder voll Zuversicht ist und alle Vorbereitungen getroffen sind. Er will nun das Heiligtum betreten, um das Bild der Göttin an sich zu bringen. Auf Iphigenies Zögern und auf ihren Hinweis, dass die Wiederkehr des Arkas zu erwarten steht, findet er rasch eine neue List: Iphigenie soll nun vorgeben, die Fremden befänden sich beide im Tempel, während sie in Wirklichkeit das Götterbild zum Schiff brächten. Doch bemerkt er, wie „Ein stiller Trauerzug" Iphigenies Stirn überschwebt; eindringlich versucht er sie zu überzeugen, in ihrer verzweifelten Lage sei keine Wahl, und der Weg der List und des Betrugs müsse als der einzig mögliche gegangen werden, wenn sie nicht den Vorwurf auf sich laden wolle, den Untergang Orests zu verschulden. Iphigenie soll durch ein „falsches Wort" dazu beitragen, „dem großen Übel zu entgehen". Während ihr endgültiger Entschluss noch in der Schwebe bleibt, eilt Pylades, der ihn für bereits gefasst hält, voraus zur weiteren Verfolgung seiner Pläne.

5. Auftritt

Nochmals bleibt Iphigenie allein zurück und versucht sich in einem langen Selbstgespräch zur Klarheit durchzuringen. Sie steht nun am Rand der Verzweiflung und sieht die Gläubigkeit, die sie bisher niemals verlassen hat, aufs Äußerste bedroht. Würde sie den Betrugsplan durchkreuzen zugunsten einer Lösung der Wahrhaftigkeit, die ihr Inneres ihr gebietet, so müsste nach menschlichem Ermessen der Untergang aller, zumindest aber des Orest und des Pylades, die Folge sein, und dies durch ihre Schuld. Durch die Beteiligung an dem Plan jedoch würde sie sich schuldig machen am König und am Volk der Taurer und damit – als die einzige bisher Reingebliebene ihres Geschlechts – die Kette der über ihrer Familie lastenden Freveltaten fortsetzen. Weil dieser Widerspruch unlösbar erscheint, wankt nun der Glaube an die über den Menschen waltenden gütigen Gottheiten in ihr: „Rettet mich, / Und rettet euer Bild in meiner Seele!" Das Selbstgespräch endet damit, dass sich Iphigenie das alte „Lied der Parzen" wieder vergegenwärtigt, das eine düstere Erinnerung ihrer Jugendtage ist. Dieses strophische Lied, das auch durch eindrucksvolle klangliche Mittel als Höhepunkt hervorgehoben ist, entwirft ein ganz anderes, düsteres Götterbild der Furcht und des Schreckens: „Es fürchte die Götter / Das Menschengeschlecht!" Aus der Sicht des verbannten und gestürzten Tantalus erscheinen die Götter als eine launische Instanz, die den Menschen bald erhöht, um ihn dann umso tiefer zu stürzen, selbst aber unberührt „In ewigen Festen / An goldenen Tischen" fortbesteht und „Ihr segnendes Auge / Von ganzen Geschlechtern" abwendet.

Das gefährdete Bild der Götter

Negatives Götterbild im „Lied der Parzen"

V. Aufzug

Aufbau:

→ Sechs Auftritte, von denen der 1., 2., 4. und 5. jedoch nur kurz und bühnentechnisch (Figurenwechsel) begründet sind.

→ Steigerung: Die davon jeweils vorbereiteten langen Auftritte 3 und 6 bringen die entscheidende Lösung.

Inhalt:

→ Iphigenies Bekenntnis zur Wahrheit gegenüber Thoas als spezifisch weibliche „unerhörte Tat" im 3. Auftritt, heraustretend aus der hier anfänglich noch herrschenden Verstellung.

→ Verwerfung des Zweikampfs als Lösung, neue Deutung des Spruchs des Gottes Apoll, erlösende humane Entscheidung des Thoas mit den letzten Worten im 6. Auftritt.

Zusammenfassung V. Aufzug

1. Auftritt

Arkas erscheint im Gespräch mit König Thoas; er spricht seinen Argwohn aus, dass die Priesterin mit den Fremden im Bund stehe, und erwähnt das Gerücht, dass am Strand ein Schiff verborgen liege. Darauf trifft Thoas seine Anordnungen; er befiehlt, das Ufer zu durchsuchen

Arkas' misstrauischer Bericht

und den Hain der Göttin zwar nicht zu betreten, aber doch zu überwachen. Die Fremden sollen gefasst werden, sobald man sie findet; Iphigenie soll zu ihm gebracht werden.

2. Auftritt

Rückfall des Königs hinter die Menschlichkeit

In einem Selbstgespräch spricht der enttäuschte König die wilden Affekte aus, die ihn nun beherrschen. Er wirft sich vor, Iphigenie allzu großmütig behandelt zu haben, statt mit harter Hand nach Art seiner Ahnen seine Wünsche durchzusetzen: „Nun lockt meine Güte / In ihrer Brust verwegnen Wunsch herauf." Es wird deutlich, dass der König hier in seinem Grimm hinter die von Iphigenie erweckte Menschlichkeit zurückgefallen ist.

3. Auftritt

Taktisches Verhalten von Iphigenie und Thoas

Iphigenie erscheint bei Thoas. Sie stellt dem König den Aufschub der Menschenopfer als „Frist zur Überlegung" dar, die die Götter ihm gewährten. Als er sein Misstrauen spüren lässt, hält ihm Iphigenie ein Bild der königlichen Existenz vor, das despotische Züge trägt und der Gottesvorstellung des Parzenlieds nahe steht. Wie sie sich auf die „Frist" der Götter beruft, so hält ihr Thoas vor, „Ein alt Gesetz" bestimme ihn zu den Menschenopfern; beide sprechen also noch mit verstellter Stimme, argumentieren taktisch – und durchschauen einander in gewissem Sinn. Iphigenie, die die Auseinandersetzung mehr und mehr dominiert, erhebt an den König

Worte als Waffe der Frau

den Anspruch, „der Frauen Wort", das ihre einzige Waffe ist („Ich habe nichts als Worte"), mehr als die Sprache der Gewalt zu achten; ein Anspruch, den der König grundsätzlich respektiert. Noch auf die Feststellung des Königs „Es scheint, der beiden Fremden Schicksal macht / Unmäßig dich besorgt" antwortet Iphigenie ausweichend: „Sie sind – sie scheinen – für Griechen halt ich sie."

Gewalt des Mannes – Sittlicher Entschluss der Frau

Dann jedoch ringt sie sich endgültig zur Wahrhaftigkeit durch. In einem aufgewühlten, sprachlich äußerst schwungvollen Monolog entwickelt sie vor dem König ein Doppelbild der „unerhörten Tat": Als Tat des Mannes bedeutet sie Zerstörung, Unterdrückung, Gewalttat. Dagegen setzt sie den eigenen, als spezifisch weibliche Leistung aufgefassten, schwer erkämpften und darum nicht minder heroischen, jedoch auf andere Weise heroischen Entschluss zur unbedingten Wahrheit ohne Rücksicht auf taktisches Kalkül. Sie enthüllt dem König rückhaltlos die Pläne von Flucht und Raub des Götterbilds und verrät damit auch, wer die Fremden sind. Durch diese Offenbarung bringt sie den Konflikt vor das Gewissen des Königs als letzte verantwortliche Instanz. Ihr letzter Appell „Verdirb uns – wenn du darfst" überträgt die Last der sittlichen Entscheidung nun dem König. Erst damit ist der Boden einer allgemein gültigen Menschlichkeit erreicht, vor der Griechen und Barbaren gleich sind. Die Entscheidung des Königs bleibt noch in der Schwebe, doch kündigt schon die Bildlichkeit seiner Sprache die Lösung an: „Unwillig, wie sich Feuer gegen Wasser / Im Kampfe wehrt […], so wehret sich der Zorn / In meinem Busen gegen deine Worte." Das Ich des Königs erhebt sich hier über seine Affekte; Feuer wird sich gegen Wasser am Ende vergeblich wehren und erlöschen.

Menschlichkeit als allgemein gültiger Anspruch

4. Auftritt

Nun erscheint Orest in Waffen; seinen Worten ist zu entnehmen, dass die Griechen bei den Fluchtvorbereitungen entdeckt worden sind und sich schon im Abwehrkampf befinden. Als Orest den König erblickt und auch dieser bereits zum Schwert greift, gebietet Iphigenie, die Waffen wieder einzustecken und das Heiligtum der Göttin nicht zu entweihen. Sie teilt Orest ihre Entscheidung mit: „Gestanden hab ich euern Anschlag / Und meine Seele vom Verrat gerettet."

Orests Erscheinen

5. Auftritt

Pylades und bald danach Arkas treten herzu. Den Worten beider ist zu entnehmen, dass die Griechen sich kaum mehr halten können, dass ihre Gefangennahme und die Zerstörung des Schiffs unmittelbar bevorstehen. Zu Arkas' Überraschung gebietet Thoas jedoch, den Kampf einzustellen, solange Rede und Widerrede andauern; auch Orest bittet Pylades daraufhin, die Gefähr-

Arkas' und Pylades' Abgang

ten um sich zu sammeln. Arkas wie Pylades, die Sachwalter der äußeren Handlung, verlassen den Schauplatz.

6. Auftritt

Thoas verlangt nun nach Beweisen dafür, dass der Fremde auf der Bühne tatsächlich Orest, Agamemnons Sohn, ist. Orest weist das Schwert Agamemnons vor und bittet darum, im Zweikampf mit dem Besten des Inselvolks den Streit entscheiden zu dürfen. Diesen Kampf will Thoas selbst für sein Volk führen; Iphigenie jedoch tritt dazwischen und stellt der kämpferischen Lösung, die für den Mann selbst im Fall seines Todes noch Ruhm und Verewigung durch den Gesang bedeutet, „die Tränen, die unendlichen, / Der überliebnen, der verlassnen Frau" gegenüber, die für die Nachwelt nicht zählen. Sie nennt weitere Zeichen, durch die sie Orest untrüglich erkannt hat. Damit ist für den König jedoch noch keine Möglichkeit eines friedlichen Ausgangs sichtbar, da die Griechen ja auch das „heilige Bild der Göttin" Diana rauben wollten. Orest jedoch hat nun verstanden, dass er die Bedingung, unter der ihm Apoll die Erlösung von den ihn verfolgenden Furien versprochen hat, bisher falsch gedeutet hat. Das Wort des Gottes lautete: „Bringst du die Schwester, die an Tauris' Ufer / Im Heiligtume wider Willen bleibt, / Nach Griechenland, so löset sich der Fluch." Die Schwester – damit war nicht Apolls Schwester Diana als steinernes Bild, damit war vielmehr die lebendige Schwester Orests, also Iphigenie gemeint! Ihre erlösende Kraft hat Orest bereits seit dem Zusammentreffen mit ihr erfahren, daher ist er sicher, das Wort Apolls nun richtig zu deuten.

Orest und Iphigenie erneuern nun ihre Bitte an Thoas, sie alle nach Griechenland reisen zu lassen, damit die Entsühnung des fluchbeladenen Königshauses vollendet werden kann, die Iphigenie durch ihren mutigen Entschluss zur unbedingten Wahrheit gegen Gewalt und List eingeleitet hat: „Du hast nicht oft / Zu solcher edeln Tat Gelegenheit. / Versagen kannst du's nicht; gewähr es bald!" Vorstufe der endgültigen Lösung ist das zögernd-unwillige „So geht!" des Königs, mit dem sich Iphigenie noch nicht zufrieden geben kann. Sie will mit seiner vollen, ungeteilten Zustimmung von ihm scheiden: „Ein freundlich Gastrecht walte / Von dir zu uns: so sind wir nicht auf ewig / Getrennt und abgeschieden. […] Leb wohl! und reiche mir / Zum Pfand der alten Freundschaft deine Rechte." Mit der letzten kurzen Antwort des Königs, seinem „Lebt wohl!", ist die volle Harmonie des Menschlichen – als erreichbare Grenze, nicht als gesicherter Besitz – errungen.

Harmonie des Menschlichen

Die klassische Thematik

„Iphigenie auf Tauris" als repräsentativer Ausdruck des klassischen Weltbildes

Goethes „Iphigenie auf Tauris" kann – in der endgültigen Fassung von 1786/87 – als eine exemplarische, geradezu idealtypische Realisation des Gedankengebäudes und auch der stilistischen Tendenzen der deutschen Klassik gelten. Daher ist es, anders als bei „Faust" oder „Wallenstein", den komplexeren und über klassische Selbstbeschränkung hinausweisenden Werken, hier erlaubt, die verschiedenen Aspekte der Thematik des Schauspiels als Elemente einer in sich zusammenhängenden, bruchlos verwirklichten klassischen Konzeption des Menschen und seines Handelns darzustellen.

Individuum und höhere Ordnung

Individuum und höhere Ordnung	Das Bild des Menschen als Wesen,
	⇒ das in höhere Ordnungen eingebettet ist.
	⇒ das seine Affekte kontrollieren und bändigen muss.
	⇒ das an einem mit anderen gemeinsamen Erfahrungsschatz teilhat.
	⇒ das einem allgemein gültigen Sittengesetz untersteht.

Wenn Iphigenie zu Beginn des Schauspiels auftritt, so lauten ihre ersten Worte (I,1,1–6):

> „Heraus in eure Schatten, rege Wipfel
> Des alten, heil'gen, dicht belaubten Haines,
> Wie in der Göttin stilles Heiligtum
> Tret ich noch jetzt mit schauderndem Gefühl,
> Als wenn ich sie zum ersten Mal beträte,
> Und es gewöhnt sich nicht mein Geist hierher."

Verbindung zu überpersönlichen Ordnungen

Zuerst nennt sie die Ordnungen, die sie umgeben; in diese reiht sie sich selbst erstmals in V. 4 durch das Personalpronomen „ich" ein. Das Individuum sieht sich hier also von Anfang an eingebettet in höhere, überpersönliche Ordnungen. Die Adjektive zu „Wipfel", „Hain", „Heiligtum" haben nicht affektiven, sondern rational ordnenden Gehalt; sie schildern nicht, sondern klassifizieren, bewerten, reihen ein („rege", „alt – heilig – dicht belaubt", „still"). Wo doch ein affektiver Gehalt auftaucht, ist er gedämpft; das Substantiv „Schauder" ist bezeichnenderweise durch „schauderndes Gefühl" ersetzt – der Affekt wird ins Adjektiv abgedrängt und dem Oberbegriff „Gefühl" unterworfen. In der Selbstaussage des Individuums herrschen also Bewusstheit, Klarheit, Kontrolle vor; Affekte sind durch die Ratio gezähmt. Iphigenie führt dann ihre Selbstdarstellung fort (I,1,15 – 22):

Dämpfung der Affekte

> „Weh dem, der fern von Eltern und Geschwistern
> Ein einsam Leben führt! Ihm zehrt der Gram
> Das nächste Glück vor seinen Lippen weg,
> Ihm schwärmen abwärts immer die Gedanken
> Nach seines Vaters Hallen, wo die Sonne
> Zuerst den Himmel vor ihm aufschloss, wo
> Sich Mitgeborne spielend fest und fester
> Mit sanften Banden aneinander knüpften."

Dass Iphigenie hier ständig in der 3. Person von sich reden kann, zeigt, wie objektiviert sie sich sieht, welches Maß an Distanz zu ihrer Notlage sie aufbringt; unterstrichen wird das noch durch die sich von ihr als Frau betont entfernenden männlichen Pronomen der allgemeinen Nennung einer Person („dem, der" – „Ihm" – „seines"). Distanz der 3. Person enthält selbst noch die bewegtere Schlussbitte (V. 52 f.):

Selbstaussprache in der 3. Person

> „Und rette mich, die du vom Tod errettet,
> Auch von dem Leben hier, dem zweiten Tode!"

In solchen Selbstaussagen, die auch äußerste Notlagen noch mit den Mitteln rationaler Reflexion bewältigen, prägt sich das klassische Menschenbild des Maßes und der Würde aus. Indem sich das Individuum überpersönlichen Ordnungen zugehörig weiß (etwa der der Familie, einer Schicksalsgemeinschaft, letztlich der Menschheit), kann es nicht in völlige Orientierungslosigkeit geraten, wie bedrängend seine Konflikte auch immer werden mögen.

Menschenbild des Maßes und der Würde

Dieser Sachverhalt kennzeichnet die Beziehungen zwischen den Figuren des Schauspiels in allen erdenklichen Spielarten. Als Iphigenie dem König Thoas offenbart, sie sei „aus Tantalus' Geschlecht" (I,3,306), reagiert er als einer, dem die furchtbaren Belastungen dieser Herkunft wohlbekannt sind: „Du sprichst ein großes Wort gelassen aus" (I,3,307). Die Personen Iphigenie und Thoas, obwohl scheinbar geschieden als Griechin und Barbarenkönig, leben also doch letztlich in einer Welt gemeinsamen Erfahrungsschatzes, gemeinsamer Wertbezüge und Denkkategorien. Dies zeigt sich auch in der folgenden Auseinandersetzung. Der Berufung Iphigenies auf die Götter, die ihr Eingehen auf Thoas' Werbung nicht wollten, entgegnet Thoas: „Und hab ich, sie zu hören, nicht das Recht?" (I,3,495) – ein Anspruch, den Iphigenie durch ihre Antwort „Es überbraust der Sturm die zarte Stimme" (V. 496) zwar für die augenblickliche Situation, aber nicht etwa grundsätzlich bestreitet. – Schließlich appelliert Iphigenies entscheidende Aufforderung an den König, die die Lösung des Schauspiels einleitet, ihr „Verdirb uns – wenn du darfst" (V,3,1936), an das gemeinsame, an alle dieselben Forderungen stellende Sittengesetz. Der Fortgang der Auseinandersetzung spricht dann diese Allgemeingültigkeit in Rede und Gegenrede mit programmatischem Anspruch aus (V. 1936 – 1942):

Gemeinsamer Erfahrungsschatz der Personen

Gemeinsame Unterworfenheit unter das Sittengesetz

> **Thoas**   Du glaubst, es höre
> Der rohe Skythe, der Barbar, die Stimme
> Der Wahrheit und der Menschlichkeit, die Atreus,
> Der Grieche, nicht vernahm?
> **Iphigenie**   Es hört sie jeder
> Geboren unter jedem Himmel, dem
> Des Lebens Quelle durch den Busen rein
> Und ungehindert fließt.

Als Iphigenie sich auf dem Höhepunkt ihrer Bedrängnis befindet, nämlich vor der scheinbar unausweichlichen Entscheidung zwischen Flucht und Menschenopfer, greift sie zu dem düsteren „Lied der Parzen", nimmt also Zuflucht zu dem überpersönlichen, in ihr als Erinnerung vorhandenen Erfahrungsrepertoire ihrer Familientradition. Mag diese Erfahrung hier auch alle Züge des Schrecklichen und Unheilvollen tragen – ihre Leistung für Iphigenie besteht darin, dass sie sich nicht ohne jeden Schutz dem Chaotischen der ihr auferlegten Lebenssituation ausgeliefert sieht. Damit dient sie der Objektivierung und letzten Endes – als drohendes Gegenbild – der Bewältigung dieser extremen Situation.

Einbindung in die Familientradition

An zahlreichen Stellen des Werks stellt Iphigenie ihre Lage ausdrücklich in den Zusammenhang der grundsätzlichen Situation der Frau in einer von Gewalt bestimmten Welt. Am deutlichsten tut sie das – nach sich immer weiter steigernden Anklängen – in dem großen Monolog „Hat denn zur unerhörten Tat der Mann / Allein das Recht?" (V,3,1892 f.). Sie distanziert sich hier mit geradezu kämpferischem Schwung von der kriegerischen Welt der Männer und gibt der Tat, die sie zu vollbringen im Begriff ist, ganz bewusst das Gepräge einer spezifisch weiblichen Tat, die nicht auf Sieg, sondern auf friedliche Überwindung der aufeinander prallenden Gegensätze gerichtet ist.

Iphigenie als Repräsentantin des Weiblichen

Sittliches und pragmatisches Handeln

Menschliches Handeln
- ➡ bewegt sich im Spannungsfeld von eigenen Interessen und sittlicher Verpflichtung.
- ➡ kann dabei in schwere, ausweglos erscheinende Konflikte führen.
- ➡ ist durch paradoxe Zweck-Mittel-Problematik geprägt: Gutes kann mit verwerflichen Mitteln erreicht werden, sittlich gebotene Mittel können zum Untergang führen.

Sittliches und pragmatisches Handeln

Die gesamte Handlung des Schauspiels ist bestimmt vom Widerspiel zweier grundlegend entgegengesetzter Prinzipien: Handeln zur Beförderung der eigenen Interessen steht dem Handeln aus sittlicher Pflicht gegenüber. Ähnlich wie in Schillers „Wallenstein" in den großen Streitgesprächen zwischen Max und Octavio Piccolomini, Max und Wallenstein wird dieser Gegensatz nicht nur handlungsbestimmend, sondern er wird auch in einem Auftritt explizit argumentativ ausgetragen.

Interessenbestimmtes und sittliches Handeln

Im Auftritt IV,4 ist sich Pylades des richtigen Wegs sicher, wie die drohende Gefahr abgewendet, Rettung verwirklicht werden kann: Iphigenie, ohnehin bereits in die listigen Pläne zur Flucht und zum Raub des Götterbilds einbezogen, soll ihre priesterliche Verfügung über Dia-

Pylades als Verfechter des Pragmatismus

nas Heiligtum dazu gebrauchen, die Taurer so lange hinzuhalten, bis die Pläne ausgeführt sind. Iphigenies Auftreten ist in dieser Szene von Anfang an durch Zögern gekennzeichnet; als sie von „Sorge" und „Bangigkeit" in ihrer Seele spricht, missversteht Pylades dies als ganz pragmatische Furcht. Der Dialog setzt sich folgendermaßen fort (V. 1640–1650):

> **Iphigenie** Die Sorge nenn ich edel, die mich warnt,
> Den König, der mein zweiter Vater ward,
> Nicht tückisch zu betrügen, zu berauben.
> **Pylades** Der deinen Bruder schlachtet, dem entfliehst du.
> **Iphigenie** Es ist derselbe, der mir Gutes tat.
> **Pylades** Das ist nicht Undank, was die Not gebeut.
> **Iphigenie** Es bleibt wohl Undank; nur die Not entschuldigt's.
> **Pylades** Vor Göttern und vor Menschen dich gewiss.
> **Iphigenie** Allein mein eigen Herz ist nicht befriedigt.
> **Pylades** Zu strenge Fordrung ist verborgner Stolz.
> **Iphigenie** Ich untersuche nicht, ich fühle nur.

Im Aufeinanderprallen der gegenläufigen Argumente werden hier die Paradoxien deutlich, die menschliches Handeln zwischen pragmatischem Erfolgszwang und sittlichem Anspruch prägen. Auch Pylades, der bedenkenlose Taktiker, hat ‚moralische' Argumente, auch er spricht von Verantwortlichkeit; in seiner Sicht läuft Iphigenie geradezu Gefahr, aus „verborgnem Stolz" schuldig am Tod ihres Bruders zu werden. Damit greift er Iphigenies Berufung auf ihr „Herz" als eigentliche Prüfinstanz an, und sie kann seine in sich plausible Argumentation auf dieser Ebene nicht entkräften. In der Folge liefert Pylades die theoretische Untermauerung seines Pragmatismus (V. 1653 ff.):

Pylades' ‚moralische' Argumentation

> „So hast du dich im Tempel wohl bewahrt;
> Das Leben lehrt uns, weniger mit uns
> Und andern strenge sein; du lernst es auch.
> So wunderbar ist dies Geschlecht gebildet,
> So vielfach ist's verschlungen und verknüpft,
> Dass keiner in sich selbst, noch mit den andern
> Sich rein und unverworren halten kann.
> Auch sind wir nicht bestellt, uns selbst zu richten;
> Zu wandeln und auf seinen Weg zu sehen,
> Ist eines Menschen erste, nächste Pflicht […]."

Unbedingt sittliches Handeln wird hier förmlich als Kuriosität aus der realen Welt verbannt, die Dimension selbstbeobachtender Verantwortlichkeit dem Menschen kurzerhand abgesprochen, egoistische Gewissenlosigkeit propagiert. Dies ist nicht die Weltsicht Iphigenies, und es bedarf schon der aufs Äußerste zugespitzten Lage, in die sie das Schauspiel hier geführt hat, damit sie es an dieser Stelle beim unüberzeugten Mittun belässt. Noch bis kurz vor Schluss bleibt sie widerwillig in die taktischen Winkelzüge eingespannt, bevor sie im ‚Sprung‘ der „unerhörten Tat" ausbricht und so die jenseits aller Taktik sittlich begründete Lösung herbeiführt. Es ist aber vor allem nicht die Weltsicht der Klassik. Deren Idealismus, wie er theoretisch besonders schlagkräftig von Friedrich Schiller (Gedicht „Das Ideal und das Leben", 1804; theoretische Schriften „Über Anmut und Würde", 1793, und „Über das Erhabene", 1801) formuliert worden ist, geht im Anschluss an die Philosophie Immanuel Kants („Kritik der praktischen Vernunft", 1788) von einem unbedingten Vorrang des sittlichen Sollens über das egoistische Wollen des Menschen aus. „Iphigenie auf Tauris" ist eines der eindrucksvollsten Dokumente dieser klassischen Grundüberzeugung.

Vorrang des Sittlichen im klassischen Idealismus

Determination und Freiheit

Das Leben des Menschen
- ist bestimmt vom Widerspruch zwischen dem Anspruch der Freiheit und der Erfahrung von Zwängen.
- gerät in Zwänge durch Leidenschaften, die sich der Kontrolle der Vernunft entziehen.
- kann sich über das Diktat der Leidenschaften durch das Wort als Medium zwischenmenschlicher Verständigung erheben.

Determination und Freiheit

Der aufbrechende Gegensatz zwischen dem interessebestimmten Handeln bei Pylades und dem sittlich bestimmten Handeln, dem Iphigenie zustrebt und zu dem sie sich am Ende durchringt, stellt auch das Problem der Freiheit des Menschen. Äußerste Gegenposition der

Das Thema der Freiheit des Einzelnen

Freiheit ist die Determination, also das Eingespanntsein des Menschen in Zwänge, die sein Handeln vorherbestimmen. Das gesamte Schauspiel kann als Auseinandersetzung mit der deterministischen Auffassung des Menschen gelesen werden. Iphigenie ist zu Beginn in einer Zwangslage, die ihr nur sehr beschränkte Handlungsfreiheit überlässt; diese Zwangslage wird im Lauf des Schauspiels immer bedrängender – bis zur „unerhörten Tat". Iphigenie ist ferner schon von ihrer Familienherkunft scheinbar unentrinnbaren Zwängen unterworfen. Der Fluch über den Ahnvater Tantalus und sein gesamtes Geschlecht hat sie nach Tauris gebracht, hat das düstere Schicksal Orests verschuldet und droht sie selbst in die Schuldverkettung mit hineinzuziehen.

Was liegt dieser überall als Bedrohung spürbaren Determination des Menschen zugrunde? Im Schauspiel werden zwei sich durchdringende Schichten der Begründung erkennbar: neben dem Verharren des Menschen im eigennützig-pragmatischen Handeln als letzte Triebfeder die Macht seiner unbeherrschten Leidenschaften.

Bändigung der Leidenschaften als aufklärerisches Thema

Bändigung dieser im Menschen liegenden Macht – das war schon das große Thema der Aufklärung, und an diese Tradition schließt nicht nur die Klassik als geistesgeschichtliche Strömung, sondern schließt auch „Iphigenie auf Tauris" ganz konkret an. Jochen Schulte-Sasse schreibt dazu:

> „Das Drama weist in kaum zu überbietender Rekurrenz auf persönliche Leidenschaften als Motive menschlichen Handelns hin. So ist ‚eine böse Lust' (V. 903) Anlaß des Mordes an Agamemnon, selbst Orest vermutet hinter Iphigenies Eröffnung, sie sei seine Schwester, eine ‚unbesonnene, strafbare Lust' (V. 1214), und Iphigenie warnt Thoas zu Recht vor dessen ‚Leidenschaft' (V. 1833); denn dieser will den ‚grausamen Gebrauch, / Daß am Altar Dianens jeder Fremde / Sein Leben blutend läßt' (V. 122 ff.) aus einer Stimmung individuellen Affektes heraus wieder einführen: Thoas' Humanität wird in jenem Augenblick durch Besitzwillen und Affekterregung, durch ein Spiel der ‚eignen grausamen Begierden' (V. 525) getrübt, in dem Iphigenie sich weigert, ihn zu heiraten. Der Eigennutz führt Gewaltverhältnisse herbei. Symptomatisch dafür ist die Geschichte des Tantalidengeschlechtes, in der ‚böse Lust' zu immer neuen Gewaltakten geführt hat. Der Begriff der ‚Tat' durchzieht das Drama als Bezeichnung solcher Handlung, in

Leidenschaft als Konkretisierung des Tantalidenfluchs

der jemand mit physischer Gewalt persönliche Ziele gegen Mitmenschen durchzusetzen versucht. Dies gilt vor allem für die Erzählungen aus der Geschichte des Tantalidengeschlechtes, das zum zentralen Symbol des Dramas wird. Seine Geschichte wird bestimmt durch Thyests und Atreus ,erste Tat' (V. 345), den Brudermord, aus ,Haß' und ,Neid' geschehen. Voraussetzung dieser Tat war ,Begier' (V. 334) auf das ,schönste Weib', das Pelops ,durch Verrat und Mord' ,erwarb' (V. 337f.). Aus ,Begier der Rache' (V. 375) erwächst die ,unerhörte Tat' (V. 377) des Atreus und aus ,der Rache Feuer' die ,Verruchte Tat' (V. 1031) der Klytämnestra." (J. Schulte-Sasse, „Goethes ,Iphigenie auf Tauris'", in: *Hansers Sozialgeschichte der deutschen Literatur vom 16. Jahrhundert bis zur Gegenwart*, hrsg. von Rolf Grimminger, Bd. 3,2, München: Deutscher Taschenbuch Verlag, 1980, S. 494–499, hier S. 494f.)

Dies also sind die Mächte, von denen sich Iphigenie in ihrer ganz anders, nämlich weiblich bestimmten „unerhörten Tat" (der kontrastive Rückgriff auf V. 377 ist kein Zufall) freimacht. Da ihre „unerhörte Tat" ganz anderer Natur ist, verfügt sie auch über ganz andere Mittel. Den Taten der Männerwelt liegt Leidenschaft zugrunde, ihre Mittel sind Gewalt und listiges Kalkül, schärfer gesprochen: Betrug. Iphigenies Tat entspringt aus sittlicher Entscheidung, ihr Mittel ist – die Rede.

Die Funktion der Sprache

Das klingt schon im Auftritt I,2 an, wenn Arkas über die Wesensart des Königs und seines Volkes in deutlicher Abgrenzung von Iphigenie sagt (V. 164–168):

> „Der Skythe setzt ins Reden keinen Vorzug,
> Am wenigsten der König. Er, der nur
> Gewohnt ist, zu befehlen und zu tun,
> Kennt nicht die Kunst, von weitem ein Gespräch
> Nach seiner Absicht langsam fein zu lenken."

In der Tat: Befehlende brauchen keine überzeugungskräftige Sprache. Sittliche Entscheidung dagegen, will sie die Brücke zum Mitmenschen schlagen, muss sich explizieren. Kunstvolle Sprache, nicht als Prunkstück und Selbstzweck, sondern als sittlich-soziales Mittel der Verbindung, tritt für den Humanisten an die Stelle von Schwert und Ketten – eine zutiefst klassische Überzeugung.

Iphigenie hat ein klares Bewusstsein von der Wirkungskraft der Rede. Sie spricht von der Befreiung, die das „wahr gesprochne Wort" (V. 1406) bringt, und noch vor

dem mächtigen rhetorischen Ausbruch, der ihre entscheidende Wahrheitsbotschaft an Thoas im Auftritt V,3
trägt, nennt sie selbst ihre ‚Waffe' (V. 1863f.):

> „Ich habe nichts als Worte, und es ziemt
> Dem edlen Mann, der Frauen Wort zu achten."

Von hier aus, von der Auffassung der überzeugungskräf-
tigen Rede als Brücke zwischen den Menschen her, er-
hält der ebenso beseelte wie kunstvolle Versfluss der
„Iphigenie auf Tauris" seinen letzten Sinn; und dass der
Brückenschlag gelingt, dass eben nicht nur die Kette der
Frevel für Verlängerung offen ist, sondern dass auch der

**Funktion der
einheitlichen
Versform**

Entschluss zur Menschlichkeit im Medium der Sprache
ansteckend wirkt – das wird am überzeugendsten dadurch verbürgt, dass alle Figuren des Schauspiels, Griechen und Taurer, sich in der gemeinsamen Verssprache
begegnen.

Götter und Menschen

Götter und Menschen	**Die Götter**
	⇾ gehören zu dem an der Antike orientierten Bildungs-wissen des Publikums der Goethezeit.
	⇾ spielen in Bewusstsein und Sprachhandeln der Figuren des Schauspiels eine große Rolle.
	⇾ kommen aber im Schauspiel nicht als Handelnde, nur als Gegenstand menschlicher Deutungen vor.
	⇾ führen also gerade nicht die glückliche Lösung herbei, die von Menschen geleistet werden muss.

In Goethes Schauspiel ist ständig von Göttern die Rede.
Iphigenie selbst steht als Priesterin im Dienst der Gottheit, das Schicksal ihrer Familie wird auf den Zorn der
Götter zurückgeführt, auch den nichtgriechischen Be-
wohnern der Insel Tauris ist die griechische Götterwelt
eine selbstverständliche Kenntnis und eine unbezweifel-
te Realität. Bei der Abfassung des Schauspiels hat Goethe
die Kenntnisse seiner Zeit von der griechischen Mythologie benutzt, aber auch – was damals möglich war – als
selbstverständlichen Bildungsinhalt des ihm vorschwe-

benden kultivierten Publikums vorausgesetzt. Wenn auch, schon aus Gründen der dramatischen Eindringlichkeit, die Stationen des Familienfluchs, der über Tantalus' Haus verhängt ist, in den umfangreichen Berichten des I., II. und III. Aufzugs ausgesprochen werden, so bleibt doch vieles, was die Rolle und Funktion der Götter betrifft, bloße Andeutung. Der heutige Leser, der der antiken Bildungstradition ungleich ferner gerückt ist als der Leser noch des 18. Jahrhunderts, muss sich die Zusammenhänge, auf die angespielt wird, erst klarmachen (vgl. die Übersicht S. 68 f.).

Anspielungen auf Gestalten und Ereignisse der Mythologie

Nicht nur die Götter, von denen immer wieder die Rede ist, sondern auch die auftretenden Menschen sind für ein gebildetes Publikum bekannte Größen – bekannt aus der griechischen Sage, aus Homers „Ilias", aus den Tragödien der griechischen Antike, aus dem klassizistischen Theater des 17. Jahrhunderts (etwa Racine). Zentral ist dabei der Tantaliden-Mythos, der die Herkunft Iphigenies wie Orests erklärt und nicht nur als Bewusstseinshorizont des Publikums vorausgesetzt wird, sondern, wie Auftritt I,3 durch die verständnisvolle Reaktion des Königs Thoas auf Iphigenies Enthüllungen zeigt, auch auf der Ebene der Figuren des Schauspiels bewusst sein muss (vgl. genealogisches Schaubild S. 70 f.).

Tantaliden-Mythos als Bewusstseinsinhalt für Publikum und Figuren

Wesentlicher Inhalt des Mythos ist, dass die Schicksale der Menschen von göttlichen Gewalten bestimmt oder doch mitgestaltet sind. Ein Fluch, der auf die Auflehnung des Ahnvaters Tantalus zurückgeht, bestimmt über Generationen die Geschicke seiner Kinder und Kindeskinder. Das ist antikes Denken. Was aber wird aus diesem Denken gegen Ende des 18. Jahrhunderts, als „Iphigenie auf Tauris" geschrieben wird, nach dem Durchgang durch das Christentum und – vor allem – durch die Aufklärung?

Antikes Denken: Der Mensch in göttlicher Gewalt

Für das Publikum des bürgerlichen Zeitalters, kurz vor Beginn der industriellen und der Französischen Revolution, sind antike Götter nur noch ästhetisch vermittelt, das heißt also nicht als inhaltlich ernst gemeinte, sondern nur noch als symbolisch bedeutsame Instanzen auf die Bühne zu bringen. Genau dies ist die Leistung des Schauspiels „Iphigenie auf Tauris". Ohne dass auf der Ebene der Figuren ein Bruch spürbar wäre zwischen Götterglaube und menschlicher Autonomie, wird doch

Modernes Denken: Autonomie des Menschen

31

die gesamte Motivation der Handlung für den Zuschauer ins Menschliche transponiert. Insofern ist Goethes Schauspiel auch bei aller Einfühlung in die antike Glaubenswelt ein entschieden modernes Werk.

Im Bühnengeschehen wird das daran deutlich, dass zunächst einmal jede Präsenz der göttlichen Gewalten vermieden ist. Selbst das Bild der Göttin Diana, von dem doch so viel die Rede ist, erscheint nie sichtbar für den Zuschauer und verliert zudem am Ende durch die Neudeutung des Orakelspruchs seine Bedeutsamkeit, jedenfalls seine materielle Bedeutsamkeit. Der Orakelspruch wird nicht durch seinen tatsächlichen Wortlaut – der ist zweideutig genug – wirksam, sondern nur durch die richtige, die menschlich richtige Deutung. Pylades' Annahme im Auftritt II,1 (V. 734 ff.: „Diana sehnet sich / Von diesem rauen Ufer der Barbaren / Und ihren blut'gen Menschenopfern weg") ist also gegenstandslos; und dass es mit Pylades' gelegentlicher Berufung auf den Willen der Götter eine besondere Bewandtnis hat, fällt selbst dem durch seinen Zustand nicht unbedingt hellhörigen Orest in diesem Auftritt auf (V. 740 f.): „Mit seltner Kunst flichtst du der Götter Rat / Und deine Wünsche klug in eins zusammen."

In dieselbe Richtung weist, dass auch die Furien, die Rachegöttinnen, die Orest angeblich so übermächtig bedrängen, nie in der Bühnenwirklichkeit gezeigt werden. Orest selbst nennt „Zweifel" und „Reue" (III,1,1061) als die Gefährten der Furien, die selbst bezeichnenderweise an dieser Stelle nur metaphorisch als „der Nacht uralte Töchter" (V. 1054) bezeichnet werden. Und Pylades spricht deutlich aus, woher die Furien aufsteigen (II,1,756 f.): „Erwart es ruhiger: Du mehrst das Übel / Und nimmst das Amt der Furien auf dich." All diese Hinweise sind nicht anders zu verstehen als in der Weise, dass die Furien nur noch mythologische Einkleidung für Orests Gewissensbisse nach der schweren Tat des Muttermords sind.

Entsprechend scheint es auch um Iphigenies Verbindung zum Göttlichen, die doch so häufig beschworen wird, bestellt. Iphigenies Bild der Götter erscheint immer wieder als ihr **Bild** der Götter; so, wenn sie im Auftritt IV,5,1716 f. bittet: „Rettet mich / Und rettet euer Bild in meiner Seele!" Die beiden Gebete am Ende des

---

Marginalien:

Aussparung des Göttlichen aus der Bühnenwirklichkeit

Furien als Versinnbildlichung von Orests Schuldgefühlen

Iphigenies Bilder des Göttlichen

I. und am Ende des IV. Aufzugs, ohnehin durch symmetrische Stellung im Aufbau des Schauspiels aufeinander bezogen, erscheinen geradezu als Ausdruck einer positiven und einer negativen Variante von Iphigenies Götterbild. Schon im Auftritt I,3, als sich Iphigenie (hier ganz ähnlich wie Pylades) auf das göttliche Gebot gegenüber Thoas' Werbung beruft, antwortet der König: „Es spricht kein Gott; es spricht dein eignes Herz" (V. 493) – und darauf bezeichnend Iphigenie: „Sie reden nur durch unser Herz zu uns."

Humanismus der Klassik bedeutet also nicht etwa den Glauben an eine vom Menschen losgelöste göttliche Instanz, sondern die Überzeugung, dass der Mensch autonom ist, dass das Sittengesetz, dem er verpflichtet ist, in ihm selbst wirkt und durch sein Inneres selbst zur Geltung gebracht werden muss; das Gute ist dem Menschen nicht gegeben, sondern aufgegeben. Für das Schauspiel Goethes heißt das, dass die Lösung nicht wie in der antiken Vorlage des Euripides durch einen „Deus ex machina", eine von außen hinzukommende höhere Gewalt, zustande kommen kann, sondern dass sie die Leistung der sich zu bedingungsloser Menschlichkeit durchringenden Iphigenie, des Menschen selbst ist.

Das Göttliche im Menschen: Humanismus der Klassik

Mann und Frau

Das klassische Bild der Geschlechter

➡ weist dem Mann die Rolle des Handelnden zu, erkennt in seinem aktiven Einwirken auf die Welt aber auch die Gefahr von Destruktion und Gewalt.

➡ sieht die Frau als Gehorchende und Duldende, aber auch als Bewahrende – was bei Iphigenie eine geradezu kämpferische Intensität erhält.

Mann und Frau

Wie häufig Iphigenie sich und ihr Schicksal als repräsentativ für die grundsätzliche Rolle der Frau in einer männlich bestimmten, von Krieg und Gewalt dominierten Welt ansieht, klang bereits mehrfach an. Auf die grundsätzliche Kennzeichnung ihrer „unerhörten Tat" im Auftritt V,3 als spezifisch weibliche Leistung, der ein ebenso spezifisch weibliches Selbstbewusstsein entspricht, läuft eine Reihe vorbereitender Aussagen hin, die im Folgenden kurz umrissen und in den Kontext der klassischen Auffassung der Geschlechter gestellt werden sollen.

Bereits ihre einleitende Selbstdeutung als Flüchtling und Opfer kriegerischer Verwirrungen, als einsam Wartende versieht Iphigenie im Auftritt I,1,23 ff. mit einer fast kämpferischen Unterscheidung der verschiedenen Schicksale von Mann und Frau:

Mann als Herrschender – Frau als Unterlegene

> „Ich rechte mit den Göttern nicht, allein
> Der Frauen Zustand ist beklagenswert.
> Zu Haus und in dem Kriege herrscht der Mann,
> Und in der Fremde weiß er sich zu helfen.
> Ihn freuet der Besitz; ihn krönt der Sieg!
> Ein ehrenvoller Tod ist ihm bereitet.
> Wie eng-gebunden ist des Weibes Glück!
> Schon einem rauen Gatten zu gehorchen
> Ist Pflicht und Trost; wie elend, wenn sie gar
> Ein feindlich Schicksal in die Ferne treibt!"

Mann als Waffenträger – Frau als Trägerin höherer Einsicht

Im Auftritt I,3,481 ff. erwidert dann Iphigenie auf die abschätzige Bemerkung Thoas', dass er „mit einem Weibe handeln ging", wiederum selbstbewusst:

> „Schilt nicht, o König, unser arm Geschlecht.
> Nicht herrlich wie die euern, aber nicht
> Unedel sind die Waffen eines Weibes.
> Glaub es, darin bin ich dir vorzuziehn,
> Dass ich dein Glück mehr als du selber kenne."

Beide Äußerungen gehen von einer gegebenen und insofern auch nicht in Frage gestellten Unterordnung der Frau aus; sie unterliegt der Herrschaft des Mannes, hat im Vergleich zu ihm einen „eng-gebundenen" Wirkungskreis, verfügt nicht über glanzvolle „Waffen". Doch ist sie nicht nur die Unterlegene; gegenüber Thoas nimmt Iphigenie für sich so etwas wie höhere Einsicht in Anspruch. Ähnlich wie Thoas schätzt auch Orest in II,1 weibliche Möglichkeiten gering ein, wenn er auf die von Pylades erkundete Nachricht vom Wirken einer Priesterin auf der Insel sagt (V. 785): „Ein Weib wird uns nicht retten". – Dagegen preist Pylades Sanftheit und Stetigkeit weiblichen Wesens (V. 786 ff.):

> „Wohl uns, dass es ein Weib ist, denn ein Mann,
> Der beste selbst, gewöhnet seinen Geist
> An Grausamkeit und macht sich auch zuletzt
> Aus dem, was er verabscheut, ein Gesetz,
> Wird aus Gewohnheit hart und fast unkenntlich.
> Allein ein Weib bleibt stet auf *einem* Sinn,
> Den sie gefasst. Du rechnest sicherer
> Auf sie im Guten wie im Bösen."

Danach ist also die Frau weniger als der Mann in Gefahr, ihre Menschlichkeit durch ‚Gewöhnung' an das Böse zu verlieren, und ist der Mitte des Menschlichen näher. Man möchte Pylades' Worten fast eine Bestätigung der Überzeugung Iphigenies vom Eigenwert weiblichen Wesens entnehmen – wären sie nicht durch und durch taktisch gefärbt und von der Absicht der Vorteilsberechnung bestimmt.

Im großen Monolog „Hat denn zur unerhörten Tat der Mann / Allein das Recht?" (V,3,1892 f.) entwirft dann Iphigenie selbst die große Unterscheidung: Der Mann als destruktiv-kämpferisches Wesen, dessen Ruhm auf Zerstörung beruht; dagegen die Frau als heroisches Wesen in ganz anderem, aufbauendem, sittlich begründendem Sinn. Dass sie gleichwohl in der Männerwelt nicht die ihrem inneren Rang zukommende Geltung hat und so zum Opfer zu werden droht, spricht wiederum Iphigenie in ihrer Zurückweisung des Zweikampfs aus, der als Lösungsmodell der endgültigen Versöhnung vorausgeschickt ist (V,6,2067 ff.):

Heroismus des Mannes – Heroismus der Frau

> „Der rasche Kampf verewigt einen Mann:
> Er falle gleich, so preiset ihn das Lied.
> Allein die Tränen, die unendlichen,
> Der überbliebnen, der verlassnen Frau
> Zählt keine Nachwelt, und der Dichter schweigt
> Von tausend durchgeweinten Tag' und Nächten,
> Wo eine stille Seele den verlornen,
> Rasch abgeschiednen Freund vergebens sich
> Zurückzurufen bangt und sich verzehrt."

Noch einmal also die Klage über die Situation der Frau, der der Part der Trauernden, von keinem Nachruhm Gewürdigten bleibt – hier aber im Dienst des rechtzeitigen Protests gegen die drohende „männliche" Entscheidung.

Die Geschlechter-
rollen in der
Klassik

Die hier deutlich werdende Sicht von der unterschied-
lichen Rolle der Geschlechter – der Mann als der Aktive,
Dynamische, Kämpfende und Zerstörende; die Frau als
Zurückgezogene, Passive, Leidende, aber auch Bewah-
rende und in sich Ruhende – ist repräsentativ für die
Geschlechterphilosophie der Klassik.

Wilhelm
von Humboldts
klassische
Geschlechter-
Philosophie

Ihren theoretischen Ausdruck hat diese Philosophie, die
spekulativ vom harmonischen Zusammenwirken po-
larer Kräfte im Männlichen und Weiblichen ausgeht, besonders konzentriert in einem Aufsatz Wilhelm von
Humboldts „Über den Geschlechtsunterschied und dessen Einfluß auf die organische Natur" gefunden, der im
Jahre 1795 in Schillers Zeitschrift „Die Horen" erschien.
Humboldt führt darin aus:

> „Die lebendige Kraft, welche jedes organische Wesen beseelt,
> fordert einen Körper. Dieser Körper und jene Kraft stehen
> in unaufhörlicher Gemeinschaft, indem sie gegenseitig auf-
> einander ein und zurückwirken. So ist in jedem organischen
> Wesen Wirkung und Rückwirkung verbunden. […]
> Hier nun beginnt der Unterschied der Geschlechter.
> Die zeugende Kraft ist mehr zur Einwirkung, die empfangen-
> de mehr zur Rückwirkung bestimmt. Was von der ersteren
> belebt wird, nennen wir *männlich*, was die letztere beseelt,
> *weiblich*. Alles Männliche zeigt mehr Selbstthätigkeit, alles
> Weibliche mehr leidende Empfänglichkeit. […]
> Die Natur, welche mit endlichen Mitteln unendliche Zwecke
> verfolgt, gründet ihr Gebäude auf den Widerstreit der Kräfte.
> Alles Beschränkte zielt auf Zerstörung, und der himmlische
> Friede wohnt allein in dem Wirkungskreis dessen, was sich
> selbst genügt. Der zerstörenden Thätigkeit des einen muß
> daher das andre entgegenstreben, und indem beide gegen-
> seitig einander ihren Endzweck vereiteln, erfüllen sie den
> schrankenlosen Plan der Natur. […]
> […] Nur dadurch gelang es der Natur, widersprechende Ei-
> genschaften zu verbinden, und das Endliche dem Unendli-
> chen zu nähern. Denn überall droht angestrengte Thätigkeit
> dem ruhigen Daseyn, so wie erhaltende Ruhe der regen
> Energie den Untergang. Darum beseelte die Natur ihre Söh-
> ne mit Kraft, Feuer und Lebhaftigkeit, und hauchte ihren Töch-
> tern Haltung, Wärme und Innigkeit ein. Indeß nun die einen
> ihr Gebiet zu erweitern streben, bereichern es die andern
> mit sorgsamer Hand innerhalb seiner Gränzen. Denn der gan-
> ze Charakter des männlichen Geschlechts ist auf *Energie*
> gerichtet; dahin zielt seine Kraft, seine zerstörende Heftig-
> keit, sein Streben nach Außenwirkung, seine Rastlosigkeit.

> Dagegen geht die Stimmung des weiblichen, seine ausdau-
> ernde Stärke, seine Neigung zur Verbindung, sein Hang die
> Einwirkung zu erwiedern und seine holde Stätigkeit allein
> auf Erhaltung und *Daseyn*."

Die hier entwickelte Sicht der Geschlechterrollen durch-
zieht unverkennbar auch die literarische Produktion
der Klassiker Goethe und Schiller. Offensichtlich ist das
etwa in „Faust", wo dem dynamisch weiterdringenden
Gelehrten, Feldherrn und Kolonisator die statisch-naive,
in sich ruhende Margarethe gegenübersteht, die ihn in
einer tiefsinnigen Wendung gleichwohl am Ende seines Weges empfängt. Eher klischeehafte, bedenklich an
kleinbürgerliche Spießigkeit erinnernde Färbung nimmt
die klassische Geschlechterphilosophie manchmal bei
Schiller an, wo – wie im „Lied von der Glocke" – besonders die Bilder aus dem häuslichen Leben der Frau heute
schwer erträglich sind. Die entsprechenden Verse lauten:

Das Männliche und das Weibliche im Werk Goethes und Schillers

„Der Mann muß hinaus
Ins feindliche Leben,
Muß wirken und streben
Und pflanzen und schaffen,
Erlisten, erraffen,
Muß wetten und wagen,
Das Glück zu erjagen.
[…]
Und drinnen waltet
Die züchtige Hausfrau,

Die Mutter der Kinder,
Und herrschet weise
Im häuslichen Kreise,
Und lehrt die Mädchen
und wehret den Knaben,
Und reget ohn' Ende
Die fleißigen Hände,
Und mehrt den Gewinn
Mit ordnendem Sinn,
[…]."

Gemessen an einer solchen ins Brave und Philiströse zu-
rückgenommenen Auffassung von Weiblichkeit hat
Goethes Iphigenie nicht nur großen Atem, sondern auch
beträchtliches emanzipatorisches Selbstbewusstsein.

Die Figuren
und ihre Konstellation

Das Personal des Schauspiels
➠ beschränkt sich auf nur fünf Figuren.
➠ ordnet diese in eine klare Rangfolge ein.
➠ weist dabei Iphigenie, um die sich die restlichen Figuren symmetrisch gruppieren, die zentrale Rolle zu.

Das Personenverzeichnis, das Goethe seinem Schauspiel voranstellt, verzeichnet die auftretenden Figuren nach ihrer Bedeutung für die Handlung. Es präsentiert sie ohne alle charakterisierenden Zusätze, sozusagen als bekannte Größen, mit Ausnahme des Taurerkönigs:

Personen-
verzeichnis

Iphigenie
Thoas, *König der Taurier*
Orest
Pylades
Arkas

Die Konstellation der Figuren lässt sich schon durch deren geringe Zahl, ebenso aber auch durch die Klarheit, mit der sie in der Handlung aufeinander bezogen sind, leicht darstellen:

Dreistufige
Konstellations-
skizze (I)

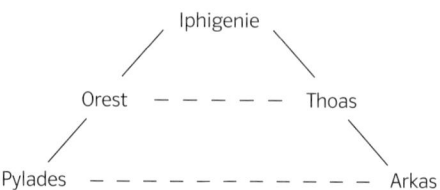

Eindeutige Mittelpunktsfigur, um die sich alles dreht, ist Iphigenie; Orest und Thoas befinden sich insofern auf gleicher Höhe unter ihr, als beide von ihr zur Humanität geführt werden, Orest durch die Lösung seiner Schuldverstrickung, Thoas durch die Erziehung zur Menschlichkeit.

Auf der nächstunteren Ebene befinden sich Pylades und Arkas; wie der eine Orest, so ist der andere Thoas als dienende Figur zugeordnet. Noch ausgeprägter als dies für Pylades in Bezug auf Orest und Iphigenie gilt, hat Arkas eine szenische Vermittlungsfunktion zwischen Thoas und Iphigenie. Daher wäre auch die folgende Konstellationsskizze sinnvoll:

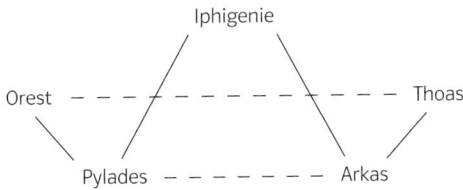

Dreistufige Konstellationsskizze (II)

In beiden möglichen Skizzen bedeuten die Verbindungslinien zwischen Pylades und Arkas nur, dass sich diese beiden Figuren auf gleich hoher (oder besser: gleich niedriger) Ebene als Exponenten des zweckgerichteten, um die Dimension der sittlichen Freiheit verkürzten Handelns bewegen; in der entscheidenden Hinsicht ist ihnen der Zugang zur Entscheidungshöhe Iphigenies verwehrt, sie sind die „Funktionäre" ihrer jeweiligen Seite. In der einzigen Szene, die sie gemeinsam auf der Bühne zeigt (V,5), lässt Goethe sie getrennt auftreten und getrennt abgehen; als bloße Vollzieher von Anordnungen der ihnen jeweils übergeordneten Figur haben sie keinerlei Verbindung untereinander. Über ihnen, noch nicht bzw. nicht mehr voll der Sphäre der sittlichen Freiheit teilhaftig, aber doch grundsätzlich für diese empfänglich – dies erhebt sie über die „Funktionäre" –, halten Thoas und Orest ebenso symmetrisch wie Pylades und Arkas einander zugeordnet ihren Platz. Zur Humanität geführt aber werden sie erst durch Iphigenie, die als die überragende Mittelpunktsfigur des Schauspiels (daher selbstverständlich auch als dessen Titelheldin) durch ihr Dasein – man denke an die Geschlechterphilosophie Humboldts – und durch ihr Wirken die Handlung beherrscht und den anderen Figuren erst dramatisches Interesse gibt. Dieser unbedingten Zuordnung aller Handlungselemente auf Iphigenie entspricht die unüberbietbar einfache und übersichtliche Symmetrie der Figurenkonstellation.

Arkas und Pylades als „Funktionäre"

Thoas und Orest als Figuren der unvollkommenen Menschlichkeit

Iphigenie als Vorkämpferin der Menschlichkeit

Goethe hat damit eine exemplarische Realisation des klassischen Willens zu Ordnung, Klarheit, Harmonie geschaffen. Dennoch: „Iphigenie auf Tauris" lässt sich nicht auf einen mit einem Blick durchschaubaren Mechanismus reduzieren. Innerhalb ihrer grundsätzlich klaren Einordnung gewinnen die Figuren ein gewisses Eigenleben, das sie der bloßen Marionettenhaftigkeit enthebt und die Lebendigkeit des dramatischen Kräftespiels sichert.

Arkas

Arkas	Arkas
	⇢ vertritt als Ratgeber die Interessen des Königs Thoas.
	⇢ ist auf der Handlungsebene Entsprechungsfigur zu Pylades.
	⇢ hat als Figur kaum Eigengewicht.

Blässe der Figur des Arkas

Von den beiden Figuren der untersten Ebene, Arkas und Pylades, ist Arkas von entschieden geringerem Gewicht. Wie bei allen anderen Figuren des Schauspiels (und wie es den Stiltendenzen des Dramas der geschlossenen Form entspricht; vgl. S. 49 ff.) verzichtet Goethe auf jeden charakterisierenden und konkretisierenden Hinweis in Personenverzeichnis oder Regieanweisungen. Man wird sich Arkas jedoch als älteren Ratgeber und Würdenträger des Königs Thoas vorstellen müssen.

Arkas' wenige Bühnenauftritte betonen seine untergeordnete Funktion, die des Sendboten und Unterhändlers, Ratgebers, Vermittlers. Im I. Aufzug tritt er als Vorbote des Königs auf und bringt ins Spiel, was dann des Königs Ansinnen sein wird, die Werbung um Iphigenie. Dabei sucht er den Boden zu bereiten, wie ihm das als „treue[m]" **Treuer Sachverwalter des Königs** (so Iphigenie, V. 1523) Sachwalter des Königs zukommt. Im Wortwechsel mit Iphigenie argumentiert er zugespitzt und nicht ohne die spürbare Absicht, die Vorteile der geplanten Verbindung auch für Iphigenie möglichst schmackhaft zu machen. Als er bei seinem zweiten Auftritt im IV. Aufzug im Namen des Königs auf den Vollzug des Opfers drängt und Iphigenies Ausflüchte entgegennimmt, wiederholt er diesen Versuch noch eindringlicher. Auch wenn das wiederum erfolglos bleiben muss (schon wegen seiner mangelnden Einsicht in Iphigenies wahre Konflikte), so dient sein Auftritt hier doch dazu, Iphigenie ihre sittlichen Verpflichtungen gegenüber den Taurern und ihrem eigenen Humanisierungswerk wieder in den Sinn zu rufen. Arkas' restliche kurze Auftritte (V,1 und V,5) bleiben marginal, indem sie ihn nur als Nachrichten- und Befehlsüberbringer zeigen.

Marginale Rolle

Pylades

Pylades	Pylades
⇒ vertritt als Freund die Interessen Orests. ⇒ bleibt auf die Ebene des listigen Taktierens und Manipulierens begrenzt. ⇒ bringt prinzipielle Gründe für sein Handeln vor. ⇒ stellt damit für Iphigenie eine Versuchung dar und ist in diesem Sinn ihr Gegenspieler.	

Pylades ist in der Personenkonstellation des Schauspiels, wie schon ausgeführt, die Entsprechungsfigur und insofern der Gegenspieler des Arkas. Wie dieser die Interessen seines Königs und Gebieters, so verfolgt Pylades die Interessen seines Freundes Orest. Dabei erkennt er, ebenfalls wie Arkas, die eigentliche sittliche Thematik und Konfliktlage nicht. Pylades ist wie Arkas auf pragmatisches, innerhalb der taktischen Absichten durchaus einfühlsames, aber nicht wirklich für das Gegenüber offenes Denken und Argumentieren festgelegt. Darin liegt die prinzipielle Grenze beider Figuren; innerhalb dieser Grenzen jedoch hat Pylades nicht nur größeren Anteil an der Handlung, sondern auch eine theoretische Grundlegung seiner Handlungsweise.

Parallelität zu Arkas

Grundgestus des Pylades ist immer wieder seine besondere Fähigkeit zu täuschen, zu verheimlichen und listenreich vorzugehen. Dazu gehört, dass er beim ersten Zusammentreffen mit Iphigenie (II,2) falsche Namen und falsche Herkunft für sich und Orest nennt; dass er Iphigenie taktische Verhaltensanweisungen gibt und

Täuschung als Grundgestus des Pylades

41

von ihr völlig bedenkenlos die Mitwirkung bei allen listigen Manövern verlangt (IV,4); schließlich gibt ihm das Schauspiel Gelegenheit, die Rechtfertigung seiner auf Betrug und Täuschung abgestellten Handlungsweise darzulegen (IV,4,1654–1664; vgl. S. 25 ff.).

Mit dieser Handlungsmaxime erhebt sich Pylades nicht auf die Ebene der sittlichen Leistung Iphigenies, er bleibt in seiner Welt des taktischen Kalküls stecken. Zu rechtfertigen ist seine Handlungsweise lediglich dadurch, dass sie einerseits als Reaktion auf eine Welt voller Gefahren verständlich wird, andererseits seiner fürsorglichen Freundschaft für den unglücklichen Gefährten Orest entspringt.

Wie erklärt sich aber, dass gerade Iphigenie, die reine Frauengestalt, von Pylades im Ton höchster Wertschätzung spricht? Die zentrale Stelle dafür befindet sich im **Iphigenies Urteil über Pylades** Auftritt IV,1,1369 ff. Iphigenie deutet hier das Auftreten des Pylades als die Hilfe der „Himmlischen", die dem verwirrten und erschütterten Menschen einen „ruhigen Freund" senden; sie fährt fort:

> „O segnet, Götter, unsern Pylades
> Und was er immer unternehmen mag!
> Er ist der Arm des Jünglings in der Schlacht,
> Des Greises leuchtend Aug' in der Versammlung:
> Denn seine Seel' ist stille; sie bewahrt
> Der Ruhe heil'ges unerschöpftes Gut,
> Und den Umhergetriebnen reichet er
> Aus ihren Tiefen Rat und Hilfe."

Iphigenies zustimmendes Urteil erklärt sich also aus dem Wunsch des im Zweifel Befindlichen nach Ruhe und Eindeutigkeit; es ist aber gerade dieser Wunsch, dem sie am Ende nicht nachgeben wird und nicht nachgeben darf. Sie muss sich vielmehr der von Pylades ausgeklügelten Manipulation entziehen, und das **Vordergründige Zustimmung und kritische Zwischentöne** Ende des Schauspiels lässt ihn vor der entscheidenden Szene zwischen Iphigenie, Orest und Thoas ebenso sang- und klanglos verschwinden wie Arkas. Schon in der zitierten Textstelle sind jedoch kritische Zwischentöne enthalten. „Denn seine Seel' ist stille" (V. 1386) – das heißt nur vordergründig, dass Pylades über bewundernswerte Ruhe verfügt; dahinter steht die andere mögliche Lesart, wonach Pylades' Seele nicht spricht, also stumpf ist. Und im Fortgang ihrer Rede nennt Iphigenie die – vordergründig willkommen geheißenen – Pläne des Pylades „Anschlag" (V. 1395) und „Lüge" (V. 1405) und spricht von dem Schiff, das „lauert" (V. 1397). Die letztliche Ablehnung ist also in der situationsgebundenen Zustimmung verbal schon versteckt – Pylades ist für Iphigenie der gefährlichste Gegenspieler in dem Sinn, dass er sie in die Versuchung bringt, dem einzig rettenden Weg der menschlichen Wahrhaftigkeit auszuweichen.

Pylades als Iphigenies Gegenspieler

Orest

Orest	Orest
→ ist Iphigenies schuldbeladener Bruder. → ist die Entsprechungsfigur zu Thoas. → wird von Iphigenie zur (vorher verlorenen) Humanität zurückgeführt.	

Über die Figur des Orest schrieb Schiller, als er Goethes Schauspiel für eine Aufführung durchsah, am 22. Januar 1802 an Goethe: „Orest selbst ist das Bedenklichste im Ganzen; ohne Furien ist kein Orest, und jetzt, da die Ursache seines Zustands nicht in die Sinne fällt, da sie bloß im Gemüt ist, so ist sein Zustand eine zu lange und zu einförmige Qual, ohne Gegenstand" (vgl. S. 83f.).
Fraglos trifft die Kritik Schillers eine problematische Seite der Figur, was die Bühnenwirksamkeit betrifft, und für moderne Aufführungen kann, wie schon von Schiller vorgeschlagen, die Abhilfe nur durch Kürzung geschehen. Goethe selbst lag die Figur des Orest aus einsichtigen Gründen jedoch sehr am Herzen (vgl. S. 89), und in der ersten Weimarer Aufführung der Prosafassung spielte er selbst den Part des von Unglück und von Schuld verfolgten Tantalidenabkömmlings. Er hat ihn mit den ausdrucksvollsten sprachlichen Tönen ausgestattet, die ihm zur Verfügung standen, so etwa im Auftritt III,2: Orest erwacht aus der Betäubung, aber nur zu seiner geisterhaften Vision der Unterwelt, in der die Täter und Opfer des Tantalidenfluchs ihr schattenhaftes Dasein führen. Als er sich selbst mit V. 1281 „Willkommen, Väter! euch

Goethes Identifikation mit Orest

Orests Vision der Unterwelt

grüßt Orest [...]" in den Kreis seines fluchbeladenen Geschlechts einreiht, verengt sich der bisherige gemessene fünfhebige Jambus zu einem schlankeren, vierhebigen, der die feierliche Intensivierung suggestiv sinnfällig macht und bis zum Rückruf ins Diesseits durch Iphigenie und Pylades am Beginn von III,3 weitergeführt wird. Wie Thoas gehört Orest zu denjenigen Repräsentanten der Menschheit im Schauspiel, die durch Iphigenie zur Humanität geführt werden, also zuletzt als Verwandelte dastehen. Dabei bewährt sich auch hier die „spiegelbildlich" symmetrische Anordnung der Figuren. Während Thoas als der noch nicht Humane zur Menschlichkeit geführt wird, steht Orest als Betroffener der Schuldverstrickung, die über seinem Geschlecht lastet, für den

Repräsentant der verlorenen Humanität

Menschen, der seine Humanität verloren und verspielt hat und dem sie zurückgegeben wird. Sein zeitweiliges Versinken in Wahnvorstellungen, sein heilsamer Schlaf und die darauf folgende (von Pylades in IV,4 mitgeteilte) Heilung sind die Stationen dieses Prozesses. Bildlich wird er durch die Berührung Iphigenies vermittelt, die an vielen Stellen anklingt.

Thoas

Thoas

Thoas
- ➡ ist König der abgelegenen Insel Tauris.
- ➡ bewegt sich auf der Grenzlinie zwischen archaisch grausamen und edlen Eigenschaften.
- ➡ wird von Iphigenie zur (vorher noch nicht erreichten) Humanität geführt.

Wie die Figur des Orest steht auch die Gestalt des Taurerkönigs in der Gefahr, im Rahmen des Schauspiels, in dem er sehr viel geringere Bühnenpräsenz hat, auf der Stufe einer blutleeren Schablonenfigur stehen zu bleiben. Eine Gefahr, der beispielsweise die in vieler Hinsicht analoge Figur des Bassa Selim in Mozarts 1782, also nur vier Jahre vor „Iphigenie", komponiertem Singspiel „Die Entführung aus dem Serail" erliegt. Goethe hat diese Gefahr offenbar geahnt und die Figur des Königs auf der Grenzlinie zwischen Barbarei und Menschlichkeit mit einigen individuellen Zügen ausgestattet. Seine Werbung um Iphigenie wird durch die von Arkas berichtete Vorgeschichte mit begründet; danach hat Thoas seinen Sohn und Erben verloren (I,2,157) und ist darüber in Düsternis und Misstrauen versunken (V. 160 ff.):

> „Missgünstig sieht er jedes Edlen Sohn
> Als seines Reiches Folger an, er fürchtet
> Ein einsam hülflos Alter, ja vielleicht
> Verwegnen Aufstand und frühzeit'gen Tod."

In der Folge zeigt das Schauspiel Thoas bei einer ständigen Grenzwanderung zwischen seinen schon ganz zu Anfang durch Iphigenie bestätigten „edle[n]" (V. 33) Eigenschaften und dem Rückfall in inhumane Verhaltensweisen. Er ordnet die Wiederaufnahme der Menschenopfer als kaum verhüllte Repressalie gegenüber der abweisenden Iphigenie an, und die vorgeschobene Begründung, sein Volk verlange das von ihm (V. 520), wird später durch Arkas (V. 1468 ff.) ausdrücklich dementiert. Noch der Auftritt V,2, der der Lösung fast unmittelbar vorausgeht, legt den König fest auf die dialektische Gegenposition zu der vor ihm liegenden Stufe des Humanen, nämlich als Opfer seiner unkontrollierten Affekte.

Thoas zwischen edlen und inhumanen Verhaltensweisen

Einzigartig in seiner folgerichtigen Knappheit ist das Schlusswort, das Goethe dieser Figur zuweist. Während Iphigenies Medium ganz und gar die Sprache ist (vgl. S. 29), stellt schon Arkas in seiner ersten Würdigung des Königs fest (V. 164 f.):

> „Der Skythe setzt ins Reden keinen Vorzug,
> Am wenigsten der König."

So entspricht dem großartigen Sprachschwung Iphigenies in den Schlussszenen eine immer karger werdende Sprache des Königs, die sich in den letzten Worten „So geht!" (V. 2151) und „Lebt wohl!" (V. 2174) völlig auf ihre symbolische Funktion reduziert. Ein Verstummen, das bei allem Einklang der erreichten Menschlichkeit doch auch den Preis deutlich macht, den Menschlichkeit kostet – Verzicht.

Thoas' Sprachlosigkeit

Iphigenie

Iphigenie	**Iphigenie**
	➟ ist die zentrale Figur des Schauspiels.
	➟ wird von den Schuldverstrickungen ihrer Vorfahren schwer belastet.
	➟ setzt dem ein stilles Wirken für menschlichere Lebensformen entgegen.
	➟ steigert dies im Handlungsverlauf bis zu kämpferisch-wagemutigem Einsatz ihrer ganzen Person.
	➟ erscheint in ihrer Weiblichkeit geprägt durch priesterliche Würde, jedoch ohne jeden Anklang des Erotischen.

Iphigenie als Zentralfigur und entscheidende Instanz

Als Zentralfigur des Schauspiels, von der alle Fluchtlinien der Handlung ausgehen und auf die alle Handlungselemente zulaufen, verfügt Iphigenie nicht nur über den quantitativ größten Sprechanteil, sondern stellt auch die entscheidende Instanz dar. Orests Drang nach Erlösung aus seiner Schuldverstrickung kommt nur durch die fast magische Wirkung der wiedergefundenen Schwester zustande. Thoas' Weg aus der Verhärtung nach dem Tod seines Sohns führt über Iphigenie, wenn auch anders als von Thoas selbst projektiert. Pylades' listige Pläne zu Flucht und Befreiung stehen und fallen mit der Zustimmung Iphigenies, die ihn erst unterstützt und dann überspielt.

Iphigenie ist an allen entscheidenden Auftritten des Werks beteiligt; von allen Figuren spricht sie für den Zuschauer am dichtesten und am häufigsten im Monolog ihr Innerstes aus. Selbst der scheinbar beherrschenden und erstickenden, jedenfalls mit furchtbarer Schwere auf der Gegenwart lastenden Vorgeschichte der blutigen Schicksals- und Gräuelverkettung des Tantalidengeschlechts setzt sie ihre stillere, aber im Geheimen eben doch wirksame Vorarbeit entgegen. Die allmähliche Humanisierung der Taurer und ihres Königs, die zeitlich vor den Beginn des Schauspiels fällt, im Schauspiel selbst zu wirken fortfährt und das harmonische Ende erst möglich macht.

Iphigenie als Vorkämpferin

Dass Iphigenie als Vorkämpferin des Menschlichen durchaus in vollem Sinn **Vorkämpferin** des Menschlichen ist, und dies mit einem erstaunlich emanzipatorischen Selbstbewusstsein als Frau, wurde im Rahmen der thematischen Analyse bereits angemerkt. Es bleibt hinzuzufügen, dass dieser Kampf nicht weniger in ihr selbst als gegen eine gefahrvolle Umwelt stattfindet, weshalb auch die zahlreichen Monologe nicht undramatische Selbstdarstellungen, sondern höchst spannungsvolle Auseinandersetzungen mit ihr selbst sind. Humanität als Zielpunkt des Schauspiels wird auch von Iphigenie selbst gegen innere wie äußere Widerstände erkämpft. Das Schauspiel macht zugleich deutlich, dass dieses Ziel aber doch einer in ihr angelegten, nur zeitweilig durch die Notlagen überdeckten Neigung entspricht. Insofern erweist sie sich – um in der klassischen Terminologie Schillers zu sprechen, wie sie vor allem in dem Aufsatz „Über Anmut und Würde" von 1793 entwickelt wird – als „schöne Seele", bei der die Pflicht zur Humanität mit natürlicher Neigung zusammenfällt, während etwa Thoas, dessen Humanität in einer Anstrengung Neigungen zurückdrängen muss (die Gier, Iphigenie zu besitzen), nur eine „erhabene Seele" ist, also noch nicht der vollen Harmonie fähig.

Iphigenie als „schöne Seele"

Mit Iphigenie hat Goethe eine Frauengestalt nach antikem Maß zu schaffen versucht. Nach antikem Maß, so wie es sich das 18. Jahrhundert – unter Federführung des Altertumsforschers und Kunsthistorikers Johann Joachim Winkelmann – zurecht legte, dessen berühmte Formel für antikes Menschentum die Klassik tief berührte und wie für Iphigenie geprägt scheint:

> „Das allgemeine vorzügliche Kennzeichen der griechischen Meisterstücke ist endlich eine edle Einfalt und eine stille Größe, sowohl in der Stellung als auch im Ausdrucke. So wie die Tiefe des Meeres allezeit ruhig bleibt, die Oberfläche mag noch so wüten, ebenso zeigt der Ausdruck in den Figuren der Griechen bei allen Leidenschaften eine große und gesetzte Seele."
> (Winkelmann, „Über die Nachahmung der griechischen Werke in der Malerei und Bildhauerkunst", 1755)

Winckelmanns Formel: „edle Einfalt" und „stille Größe"

Viel von diesem idealen Menschenbild ist in die Figur der Iphigenie eingegangen, die gleichwohl nicht von Marmorkälte geprägt ist, sondern bei aller Beherrschung auch die inneren Kämpfe dem Zuschauer nahe bringt. Um sie bleibt im gesamten Schauspiel etwas von der sakralen Weihe der Priesterin, und sprachlich ist denn auch eine ihrer zentralen Äußerungsformen das Gebet (I,1; I,4; IV,1; IV,5; V,3).

Auffällig ist, dass bei aller spürbaren – und von Iphigenie selbst so sehr für sich in Anspruch genommenen – Weiblichkeit der Figur jeder Zug des Erotischen fehlt, jeder Gedanke an geschlechtliche Anziehungskraft unterbleibt. Thoas' Werbung um Iphigenie, ebenso Iphigenies Ablehnung vollziehen sich völlig auf der Ebene der Anmaßung und Zurückweisung von Verfügungsgewalt – die Sphäre des Geschlechtlichen wird überhaupt nicht betreten. Iphigenie erscheint, wie ein boshafter Kritiker einmal bemerkt hat, als „Dame ohne Unterleib" – festgelegt auf schwesterliche Gefühle. Es bleibt zu fragen, inwieweit Goethe hier auch unter dem Eindruck eigener Probleme (die tiefe Beziehung zu seiner Schwester Cornelia, die zu Charlotte von Stein, in denen jeweils sexuelle Momente der Tabuisierung unterlagen; vgl. S. 88 ff.) ein Urbild reiner Weiblichkeit geschaffen hat, das sich am Ende doch unversehens als Kehrseite problematischer Männlichkeit erweist.

Aussparung des Geschlechtlichen

Dramatische Bauform und Gattung

Geschlossene Form des klassischen Dramas

Kennzeichen des geschlossenen Dramas in „Iphigenie"	Geschlossene Form des klassischen Dramas
⇒ Konzentration auf wenige, klar einzuordnende Figuren.	
⇒ Einfachheit und Übersichtlichkeit der Handlung.	
⇒ Symmetrischer Aufbau mit dem Höhepunkt im III. Aufzug.	
⇒ Zeitliche Konzentration auf wenige Stunden.	
⇒ Einheitlichkeit und Unbestimmtheit des Raums.	
⇒ Einheitliche, anspruchsvolle (Vers-)Sprache.	

Bei der formalen Analyse von Dramen untersucht man üblicherweise folgende Aspekte:

Formale Elemente des Dramas

– Handlung und Komposition
– Zeit
– Raum
– Figuren
– Sprache

Bei all diesen formalen Elementen des Dramas hat der Dramatiker eine Fülle verschiedener Gestaltungsmöglichkeiten; jedoch kehren in den vielen historischen Formtypen seit der Antike bestimmte Kombinationen formaler Lösungen in den verschiedenen Bereichen immer wieder. Es lassen sich sogar zwei gegensätzliche, aber jeweils idealtypische formale Ausprägungen des Dramas feststellen, die geschlossene und die offene Form des Dramas.

Geschlossene und offene Form

Die folgende Tabelle stellt in Anlehnung an die grundlegende literaturwissenschaftliche Darstellung (vgl. Volker Klotz, *Geschlossene und offene Form im Drama*, München [1]1960) die jeweils typischen Gestaltungsformen einander gegenüber:

	geschlossene Form:	offene Form:
Handlung und Komposition	– Einheit und Kontinuität (Bericht, Mauerschau) (Exposition) – Planmäßiges Vorandrängen der Handlung – Symmetrie – Steigerung als Bauprinzip – Akt als Formeinheit – Ausschnitt als Ganzes	– Pluralität und Blitzlichttechnik (Komplementäre Handlungsstränge, die sich wechselseitig erhellen) (Metaphorische Verklammerung: gleichbleibende Bildbereiche) (Integrationspunkt: eine Schlüsselszene) – Variation – Abbruch und Neuansatz – Montage – Szene als Formeinheit – Ganzes in Ausschnitten
Zeit	– Einheit und Kürze – Unterordnung des Augenblicks (Botenbericht)	– Ausdehnung mit Unterbrechungen – Übermacht des Augenblicks
Raum	– Typischer Raum – Atmosphärisch neutraler Raum (Mauerschau)	– Charakterisierender Raum – Atmosphärisch aufgeladener Raum: Weite, Enge, Dunkel, Requisiten
Figuren	– Geringe Personenzahl – Hoher Stand; Maß und Würde – Mündigkeit – Hohes Bewusstsein – Vorrang der Innerlichkeit – Wort; Rhetorik	– Große Personenzahl – Vielzahl der Stände – Eingeschränkte Mündigkeit – Unbewusster Drang – Anfälligkeit für das Äußerliche – Versagen der Sprache; Pantomime
Sprache	– Einheitlicher hoher Stil – Allgemeiner Wortschatz – Abstraktion, Entsinnlichung – Distanz, Kontrolle – Sentenzen: allgemeingültige Formeln – Hypotaxe: gegliederte Satzgefüge – Vers	– Verschiedene Stilschichten – Spezifischer Wortschatz – Gegenständlichkeit – Spontaneität, Unbeherrschtheit – Sprichwort, Volkslied, Bibel – Parataxe: gleichgeordnete Sätze – Ellipsen: unvollständige Sätze, brüchige Hypotaxe – Prosa

In der Geschichte des deutschen Dramas finden sich die beschriebenen beiden Gestaltungsformen in wechselnden Ausprägungen, wobei in bestimmten Epochen eine mehr oder weniger starke Vorliebe für eine der beiden Formen feststellbar ist, immer aber auch Mischformen auftreten. Dem 18. Jahrhundert steht dabei das übermächtige Vorbild Shakespeare vor Augen, in dessen dramatischen Werken es zu verschlungenen und eigenwilligen Synthesen der beiden Stiltendenzen kommt.

Goethes literarische Produktion setzt etwa um 1770 auf schöpferischer Höhe ein, zu einer Zeit, als gerade die Orientierung an Shakespeare das Vorbild der französischen klassizistischen Dramen verdrängt, angeregt besonders durch Lessings kritische und dramentheoretische Aktivität. Mit „Götz von Berlichingen" (1773) und dem „Urfaust" (entstanden um 1775, erst 1887 publiziert) liefert Goethe, nun der große Wortführer des „Sturm und Drang", exemplarische Dramen der offenen Form, ebenso wie J. M. R. Lenz („Der Hofmeister", 1774; „Die Soldaten", 1776), F. M. Klinger („Die Zwillinge" und „Sturm und Drang", 1776), H. L. Wagner („Die Kindermörderin", 1776). Sprunghaftigkeit, emotionale Überhitzung und übersteigertes Ausdrucksverlangen, aber etwa auch das Interesse an Analyse und Kritik sozialer Zustände – diese Tendenzen des „Sturm und Drang" verlangen förmlich die Technik des offenen Dramas als die ihnen gemäße Form.

> „Sturm und Drang": offene Dramenform

Scheitern oder Abgang ist das Schicksal der erwähnten Autoren nach ihrer hitzigen Sturm-und-Drang-Phase – einzig Goethe wandelt sich in Weimar zum Klassiker und lässt die in mancher Hinsicht ziellosen Aufgeregtheiten der Sturm-und-Drang-Mentalität in der prägenden Begegnung mit praktischen Pflichten, mit abgeklärten Menschen (Charlotte von Stein, die das Bild Iphigenies in ihren humanisierenden Zügen mitbestimmt hat), mit der antiken Kultur und mit den Erscheinungen der Natur hinter sich. Für Goethes dramatisches Schaffen bedeutet das den allmählichen Übergang vom offenen, in affektiv aufgeladenen Kurzszenen und teils derber Sprache verlaufenden Stück zum konsequent geschlossen gebauten, symbolisch verstrebten und sprachlich geläuterten Drama. „Götz von Berlichingen" (1773) markiert den Ausgangspunkt, „Iphigenie auf Tauris"

> Goethes Stilwandel:
> – Vom Sturm und Drang zur Klassik

– Vom offenen
zum geschlos-
senen Drama

(1787) und „Torquato Tasso" (1790) setzen die Endpunkte dieses Prozesses; dazwischen liegen als Werke des stilistischen Übergangs „Clavigo" (1774) und „Stella" (1775) neben manchen kleineren Gelegenheitsarbeiten. Noch die sprachliche Umarbeitung der „Iphigenie" von der Prosa zur Versform zeigt, wie Goethe die letzten Etappen dieses stilistischen Wandlungsprozesses hinter sich bringt; „Tasso" ist dann als ein konsequentes Versdrama der geschlossenen Form konzipiert.

„Iphigenie" als
idealtypisches
Drama der
geschlossenen
Form

Wendet man die einzelnen Bestimmungen der Tabelle S. 50 auf die endgültige Fassung von „Iphigenie auf Tauris" an, so zeigt sich unter allen zugrunde gelegten Aspekten, dass Goethes Schauspiel den Typus der geschlossenen Form geradezu idealtypisch vertritt. Für die Figuren und die Sprache des Schauspiels ist das in den entsprechenden Kapiteln der vorliegenden Darstellung eingehend belegt, so dass der Vergleich mit der Tabelle hier für sich selbst spricht. Aber auch Handlung, Komposition, Zeit- und Raumgestaltung weisen die konsequente Erfüllung der Stiltendenzen des Dramas der geschlossenen Form auf:

Übersichtlichkeit
und Kontinuität
der Handlung

Die Handlung des Schauspiels ist in größter Übersichtlichkeit und Kontinuität auf die alles beherrschende Problematik von menschlicher Schuld und deren Überwindung ausgerichtet. Die beiden Sphären, in denen sich diese Problematik konkretisiert, haben jeweils eine für sie repräsentative Figur: Orest ist der Exponent der schuldbeladenen Vergangenheit, Thoas der Repräsentant der von Schuld bedrohten Gegenwart. Beide stehen sich als Entsprechungsfiguren auf gleicher Höhe gegenüber. Iphigenie als Zentralfigur hat dagegen an beiden Handlungssphären Anteil, diese treffen sich in ihr, indem ihre „unerhörte Tat" ebenso die drohende Schuldverstrickung der Gegenwart abwendet wie die weiter wirkende Schuldverstrickung der Vergangenheit löst.

Die handwerklichen Mittel, die dem Dramatiker eine solche exemplarische Konzentration der Handlungselemente ermöglichen, sind in „Iphigenie" virtuos verwendet. Das zeigt sich daran, wie konsequent die Verflechtung der einzelnen Handlungssphären im Sinn einer inneren Einheit der Handlung durchgeführt ist. Iphigenies Enthüllung ihrer Abkunft an Thoas im I. Aufzug etwa, als Exposition der Einweihung des Zuschauers in die Vorgeschichte und die Voraussetzungen der Handlung dienend, ist zugleich ein taktisches Manöver, das Thoas vom Beharren auf seiner Werbung abbringen soll. Damit ist die Vergangenheitserzählung zugleich Gegenwartshandlung. Es findet im doppelten Sinn des Wortes die Vergegenwärtigung des Vergangenen statt; indem das Vergangene berichtet wird, wird es für die Gegenwart wirksam: eine exemplarische Lösung des Grundproblems der Exposition, die Bericht sein muss, aber nicht Bericht bleiben darf.

Exposition als Vergegenwärtigung des Vergangenen

Für die Forderung der Symmetrie, die an die Komposition des geschlossenen Dramas gestellt wird, hat Gustav Freytag in seiner im 19. Jahrhundert einflussreichen Schrift „Die Technik des Dramas" (1863) ein Modell aufgestellt, das als normative Konstruktion problematisch bleibt, sich jedoch bruchlos auf die Komposition von Goethes Schauspiel anwenden lässt. Freytag unterschied folgende Teile des Dramas:

Komposition des Dramas nach G. Freytag

1. Einleitung (a)
2. Steigerung (b)
3. Höhepunkt (c)
4. Fall oder Umkehr (d)
5. Katastrophe/Lösung (e)

Daraus ergibt sich nach Freytag eine typische Spannungskurve, die mit folgender Skizze verdeutlicht werden kann:

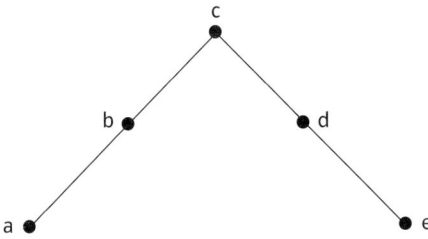

Danach ist in „Iphigenie" der Höhepunkt der Handlung mit den drei großen Auftritten des III. Aufzugs erreicht, in denen Orest durch Iphigenies teilnehmende Fragen zu einer ersten Durchbrechung des taktischen Verstellungskalküls (V. 1080–1082: „[...] zwischen uns / Sei Wahrheit! / Ich bin Orest!") gebracht, sodann in seiner

Höhepunkt

wahnhaften Jenseitsvision nochmals voll im Bann der Schuldverstrickung gezeigt, schließlich erstmals von der Gewalt des Fluchs entlastet wird (V. 1358: „Es löset sich der Fluch, mir sagt's das Herz"). Belastende und erlösende Momente sind hier also in ihrem Widerspiel voll entfaltet, es handelt sich um den Scheitelpunkt des Schauspiels.

Steigerung Ähnlich werden in den Aufzügen II und IV Steigerung und Umkehr der Handlung deutlich. Der II. Aufzug zeigt auf der Ebene der Vergangenheit mit der Fortführung der Berichte über die weiteren Frevel, auf der Ebene der Gegenwart mit Pylades' Intrigenspiel die Macht der Schuldverstrickung in steigender Intensität. Der IV. Auf-

Umkehr zug dann, in dem Iphigenie in strengem Wechsel allein (Auftritte 1, 3 und 5) und in der Konfrontation mit den „Pragmatikern" Arkas (Auftritt 2) und Pylades (Auftritt 4) erscheint, verweist die scheinbar unauflösliche Zwangssituation immer deutlicher an die Instanz, die dann

Lösung am Ende die Lösung herbeiführen wird: Iphigenies Innerlichkeit, inhaltlich als – noch mit sich ringende – Trägerin der sittlichen Tat, formal durch die drei Monologe herausgehoben, Zwischenstationen also auf dem Weg zum Höhepunkt bzw. zur Lösung.

Aufzüge und Auftritte als Gliederungsmittel Völlig im Sinn des geschlossenen Dramas verhalten sich in der Komposition der „Iphigenie" auch die Aufzüge (Akte) und die Auftritte (Szenen) zueinander. Grundlegendes Gliederungsmittel ist der Aufzug; der Auftritt dagegen hat kaum Eigengewicht. Das wird schon daran deutlich, dass die Auftritte immer wieder ineinander übergehen, z. B. durch Ankündigung der im folgenden Auftritt neu hinzukommenden Figur am Ende des vorhergehenden, durch Fortführung des Redezusammenhangs durch die verbleibende Figur oder in ähnlicher Weise. Die einzelnen Auftritte müssen also auf der Bühne ohne jede Pause einander folgen.

Dagegen setzt ein neuer Aufzug jeweils in einer veränderten Situation ein, an gleichem Schauplatz zwar, aber mit neuen Figuren und in neuem Redezusammenhang. Eine gewisse zeitliche Unterbrechung wird dadurch signalisiert, und die Inszenierung hat das durch eine Pause zu realisieren. Unterstrichen wird diese Abgrenzung jeweils eines Aufzugs von den beiden umgebenden noch dadurch, dass die Auftritte innerhalb eines

Aufzugs immer nach dem Prinzip der Steigerung verlaufen. Beispielsweise zeigt I,1 die allgemeine Notlage Iphigenies, I,2 die Vorbereitung des aktuell hinzutretenden konkreten Konflikts, I,3 das Eintreten dieses Konflikts, I,4 die konkretisierte und damit verschärfte Notlage Iphigenies. Ausgehen von und Rückkehr zu der Sprachform des Monologs (I,1–I,4) unterstreichen die symmetrische Anlage des Aufzugs; dass die Rückkehr nach den Gesprächen mit zunächst dem unbedeutenderen, dann dem bedeutenderen Partner (I,2: Arkas; I,3: Thoas) keine bloße Rückkehr, sondern eine Rückkehr auf höherer Ebene und damit ein verschärfter Konflikt ist, macht das hier waltende Prinzip der Steigerung deutlich. In ähnlicher Weise ließe sich das Ineinanderwirken dieser beiden Prinzipien der Symmetrie und der Steigerung überall im Schauspiel zeigen.

Symmetrie und Steigerung als Kompositionsprinzipien

Im Einklang mit diesen Stiltendenzen stehen auch die Zeit- und Raumgestaltung. In der wachsenden Zuspitzung der gegenläufigen Handlungselemente wird der zeitliche Fortlauf des Geschehens als lineare Erstreckung in seiner Finalität eindrucksvoll deutlich und für den Zuschauer als Spannung fühlbar. Dagegen fehlt im Schauspiel jeder Hinweis auf die „äußere" Zeit, also auf Tageslauf, Tageszeiten, Abend oder Morgen. Selbst als Thoas im Auftritt I,3 den Vollzug der Menschenopfer gebietet und dazu die Auffindung der zwei Fremden erwähnt, bleibt jede objektive Zeitangabe aus – weder wird gesagt, wann die Fremden gefunden wurden, noch gibt es eine erkennbare Frist für die Opferung. Die Auftritte im Schauspiel gehen, wie schon erwähnt, ineinander über; aber auch die Pausen zwischen den Aufzügen sind, wie jeweils der sachliche Zusammenhang zeigt, nicht als länger dauernde Unterbrechungen vorzustellen. All die Handlungselemente, die eine längere Zeitdauer voraussetzen würden (etwa das Bereitmachen der versteckt liegenden Griechen in ihrem Schiff; vgl. Pylades' Bericht in IV,4), werden nicht im Schauspiel gezeigt, sondern lediglich verbal genannt in Form eines Botenberichts, der nur das Resultat vermeldet.

Außerachtlassen der objektiven Zeitdauer

Von den „drei Einheiten", die zuletzt die französische Klassik in einem dogmatischen Verständnis von Forderungen des Aristoteles in seiner „Poetik" vorschrieb und von denen sich das Drama des Sturm und Drang freigemacht hatte, sind also in Goethes „Iphigenie auf Tauris" die Einheiten der Handlung und der Zeit geradezu mustergültig gewahrt. Wie steht es um die dritte Einheit, die des Raumes?

Einheitlichkeit und Unbestimmtheit des Raums

Als einzigen Schauplatz nennt Goethe für das gesamte Drama den „Hain vor Dianens Tempel". Äußerste Unbestimmtheit, Entleerung von allen Gegenständen, zugleich ein Anklang an sakrale Symbolik kennzeichnen den Ort. Nirgends wird die Phantasie des Zuschauers durch charakterisierende Requisiten abgelenkt von dem, was der eigentliche Schauplatz ist, nämlich das Innere der Figuren (insbesondere Iphigenies), ausgedrückt im Medium der Sprache. In der Abstraktheit, ja der Armut der Anschauung auf der Bühne liegt die Entsprechung für Iphigenies ständigen Rückgriff auf das gesprochene Wort (vgl. S. 29 f.).

In stiltreuen Inszenierungen sind noch die Gewänder der Figuren mit ihrem antiken Faltenwurf so angelegt, dass sie das Körperliche weithin verhüllen und damit selbst die Geschlechtsunterschiede kaum sichtbar werden lassen. Schließlich wird alles aus der Bühnenanschauung eliminiert, was als handgreiflicher Bildeffekt den Blick aufs Innere der Figuren verstellen könnte: Goethe lässt das Drama auf der barbarischen oder doch noch halb-barbarischen Insel Tauris spielen – und zeigt die bunt gewandeten, Furcht einflößenden, jedenfalls optisch höchst ergiebigen Einwohner dieses Landes als Menschenmenge überhaupt nicht auf der Bühne. Im Letzten ist diese Welt der barbarischen Taurer identisch mit der zu überwindenden vor-humanen Welt des Äußerlichen, der Affekte. Diese schon gebändigt scheinende Welt zeigt sich noch einmal im V. Aufzug; und gerade da hält sie Goethe kunstvoll hinter der Bühne, indem er das Hin- und Herwogen des Kampfs zwischen Orests und Thoas' Gefolgsleuten jeweils durch Orest selbst, Arkas und Pylades verbal vergegenwärtigt. Der Sieg der inneren Lösung Iphigenies und das Fernbleiben der aufeinander stoßenden äußeren Gewalten bedingen einander wie Inhalt und Form. Auch die Einheit des Raums ist also gewahrt, aber zugleich mit tiefem Sinn erfüllt.

Analytische und synthetische Elemente

Verhältnis analytischer und synthetischer Elemente

- ➡ Geschehnisse der Vergangenheit werden bekannt und überschatten das Geschehen vom I. bis zum III. Aufzug.
- ➡ Die Idee der Humanität bricht im weiteren Verlauf in Iphigenie durch, überträgt sich auf Orest und Thoas und überwindet so die Verstrickung in die vergangenen Untaten.
- ➡ Analytische und synthetische Elemente stehen also nicht einfach nebeneinander, sondern sind aussagekräftig integriert.

Analytische und synthetische Elemente

Die Gestaltungsmittel des Dramas der geschlossenen Form zielen auf den Vorrang der inneren Handlung ab und drängen also die äußeren Geschehnisse in ihrer handgreiflichen Anschauung zurück. Dabei entsteht notwendig eine Komposition von äußerster Gedrängtheit und hoher Verdichtung, in der alle Geschehensstufen so in den Ablauf eingegliedert sind, dass die jeweils spätere die jeweils frühere voraussetzt. Neben dieser „Normalform" des synthetischen, die einzelnen Stadien des Konflikts zu immer höherer Ebene hinaufführenden Dramas (es wird gelegentlich als Entfaltungsdrama bezeichnet) gibt es jedoch eine strukturelle Alternative, die seit der Antike bekannt ist: das analytische Drama, auch Enthüllungsdrama genannt. Es geht davon aus, dass alle entscheidenden Geschehnisse schon vor der eigentlichen Dramenhandlung stattgefunden haben, dass diese Bühnenhandlung selbst also nur noch die fortschreitende Enthüllung des Vergangenen vorführt.

Synthetisches und analytisches Drama

In einem Brief an Goethe vom 2. Oktober 1797 umreißt Schiller am Beispiel von Sophokles' „König Ödipus", dem berühmtesten analytischen Drama der Antike, die Vorzüge dieser Form:

> „Diese Vorteile sind unermeßlich, wenn ich auch nur des einzigen erwähne, daß man die zusammengesetzteste Handlung, welche der tragischen Form ganz widerstrebt, dabei zum Grunde legen kann, indem diese Handlung ja schon geschehen ist und mithin ganz jenseits der Tragödie fällt. Dazu kommt, daß das Geschehene, als unabänderlich, seiner Natur nach viel fürchterlicher ist, und die Furcht, daß

> etwas geschehen sein möchte, das Gemüt ganz anders
> affiziert, als die Furcht, daß etwas geschehen möchte."

Noch bündiger drückt sich später Bertolt Brecht aus, wenn er über die modernen analytischen Dramen Henrik Ibsens sagt:

> „Da ist irgendwann irgendwo so und so gehandelt
> worden und nun erst beginnt das Drama und zeigt,
> wie gewisse Personen dies ‚ausbaden'."
> (Bertolt Brecht, „Über eine nichtaristotelische Dramatik", in:
> Gesammelte Werke, Bd. 15, S. 331)

Beide Bestimmungen lassen sich offensichtlich ein Stück weit auf Goethes Schauspiel „Iphigenie auf Tauris" anwenden, in dem ja die Kette der Frevel als Vorgeschichte weit in die Vergangenheit, ja in mythische Zeiten zurückreicht. Ist „Iphigenie" deshalb ein analytisches Drama?

Integration synthetischer und analytischer Momente

Wie geschlossene und offene Form, so sind auch synthetischer und analytischer Aufbau eines Dramas keine sich ausschließenden Gegensätze, sondern Gestaltungsprinzipien, die sehr wohl zusammen auftreten können, integriert in ein komplexes Ganzes. Das Vorherrschen und das Sich-Durchsetzen des einen oder anderen Elements kann geradezu für den Problemgehalt eines Werks funktionalisiert werden – und genau dies findet in „Iphigenie auf Tauris" statt.

Scheinbare Dominanz analytischer Momente

Auf den ersten Blick scheinen die analytischen Momente deutlich vorzuherrschen: Iphigenie, die auf die Insel entrückte Atridentochter, enthüllt schon im I. Akt dem König Thoas die fluchbeladene Vergangenheit ihres Geschlechts. Neue Gräueltaten werden dann im II. und III. Akt offenbar, wenn der gefangen genommene Orest der Schwester vom Gattenmord seiner Mutter und von seinem eigenen Muttermord berichtet. Indem solche Berichte – als analytische Elemente – die Bühnengegenwart immer mehr mit den Verhängnissen der Vergangenheit aufladen, bildet sich für den Zuschauer wie für Iphigenie selbst die furchtbare Kette der Bluttaten, und Iphigenie scheint ihr ja zwangsläufig ein neues Glied anfügen zu müssen, da sie als Priesterin das Menschenopfer an Orest und Pylades vollziehen soll. Soweit scheint das Unheil ausweglos vorherbestimmt, scheinen die Schatten der Vergangenheit die Gegenwart zu verschlingen, ganz ähnlich wie in Sophokles' „König Ödipus" oder etwa in Ibsens „Gespenstern". Aber nun setzt gegenüber dieser fatalistischen Perspektive die befreiende Kraft des in Iphigenie lebendigen und von ihr im Taurerkönig erweckten Humanitätsideals ein; sie ringt sich dazu durch, dem König die Wahrheit zu sagen, und er lässt sie, angerührt von ihrem Entschluss, mit Orest und Pylades gehen. Die Bürde der Vergangenheit wird also zuletzt überwunden, weil sich der menschliche Wille zu sittlichem Handeln am Ende als stärker erweist und die unheilvolle tragische Verkettung durchbricht. Damit ist „Iphigenie auf Tauris", auch wenn die analytischen Momente drei Akte hindurch zu dominieren scheinen, letzten Endes kein analytisches Drama. Der Einbruch der Vergangenheit ist nur der mächtige dunkle Hintergrund, vor dem das Licht der Humanität aufleuchtet. Das wird deshalb so eindrucksvoll anschaulich, weil die Macht der fluchbeladenen Vergangenheit so eindrucksvoll, von Aufzug zu Aufzug drängender, hervorgetreten war. Sprengung der tragischen Verstrickung und Auflösung der analytischen Bauform verhalten sich in diesem Schauspiel wie die inhaltliche und die formale Seite desselben dramatischen Ausdruckswillens.

> Auflösung
> der analytischen
> Form

„Iphigenie auf Tauris" als verhinderte Tragödie

Typus des Schauspiels neben Tragödie und Komödie
- Dramatische Gattung als Ausdruck des Vernunftoptimismus im 18. Jahrhundert.
- Nähe zur Tragödie: Ranghohe Figuren, ernste und bedeutungsvolle Handlung, hohes Sprachniveau.
- Unterschied zur Tragödie: Abwendung der tragischen Katastrophe.

> „Iphigenie auf
> Tauris" als
> verhinderte
> Tragödie

Goethe hat „Iphigenie auf Tauris" als ein Schauspiel bezeichnet. Der Begriff ist vieldeutig und kann heute unter anderem geradezu als Synonym für „Theaterstück" oder „Drama" schlechthin verwendet werden, über dessen gattungsmäßige Einordnung im engeren Sinn dann nichts gesagt ist.

59

Für die Zeit des ausgehenden 18. Jahrhunderts dagegen bedeutet Schauspiel einen ganz bestimmten Typus von Theaterstück, der von den damals fast selbstverständlichen dramatischen Grundgattungen Tragödie und Komödie in eigentümlicher Weise unterschieden ist und dessen Aufkommen geistesgeschichtlich offenbar mit dem Vertrauen der Aufklärung in die Autonomie der menschlichen Vernunft und Sittlichkeit zusammenhängt, der – jedenfalls grundsätzlich – die Überwindung aller tragischen Verstrickungen zugetraut wird.

Die dramatische Gattung des Schauspiels als Ausdruck des Vernunftoptimismus der Aufklärung

Der Entfaltungsraum für diese Sondergattung des Schauspiels ist abgesteckt durch die beiden dominanten Gattungstypen Tragödie und Komödie und die von beiden offen gelassenen Möglichkeiten dramatischer Gestaltung. Innerhalb des von Aristoteles abgeleiteten normativen und hierarchischen Gattungssystems, dessen Geltung noch im 18. Jahrhundert wenig angetastet ist, hat die Tragödie hohes, die Komödie niedriges Ansehen. Die Tragödie zeigt Handlungen von hoher Bedeutung und großer Tragweite, ihre Personen sind von herausgehobenem sozialem Rang und hohem Bewusstsein, ihre Sprache ist edel und rhetorisch durchgestaltet. Die Katastrophe, in der der Tragödienheld mit seinem Untergang die durch seine Schuld verletzte Weltordnung wiederherstellt, erweckt im Zuschauer Erschütterung. Dagegen spielen die Handlungen der Komödie in der pragmatischen Welt des Alltäglichen, ihr Personal ist eher typenhaft und mit bestimmten Defekten, jedenfalls mit eingeschränktem Bewusstsein ausgestattet; sprachlich bewegt sich die Komödie auf entspannterem, weniger anspruchsvollem Niveau. Schließlich endet die Komödie nicht katastrophal, sondern versöhnlich und unschädlich; damit kann auch der Zuschauer, der die Irrungen der Komödienfiguren amüsiert mitangesehen hat, seine Distanz zu der dargestellten Welt zuletzt bewahren.

Tragödie und Komödie

Misst man „Iphigenie auf Tauris" an diesen hier sehr verallgemeinert wiedergegebenen Bestimmungen, so wird deutlich, dass das Schauspiel nicht der Komödie, in sehr hohem Maß aber der Tragödie nahe steht. Die Handlung hat die Dimension letzter Verantwortlichkeit und lastenden Ernstes. Die Figuren entstammen Königshäusern und reflektieren die sittliche Bedeutsamkeit ihres Tuns auf höchstem Niveau, sprechen das auch mit ausgefeiltesten Worten aus. Der Zuschauer wird in tiefes Mitfühlen hineingerissen und verliert angesichts der lückenlosen Folgerichtigkeit der Geschehnisse jede Distanz.

Lediglich das Ende von Goethes Schauspiel entspricht nicht einem Tragödienende. Alles, was da so tragisch ausweglos sich zuzuspitzen schien, Iphigenies heilloses Eingezwängtsein zwischen sittlichem Anspruch und praktischer Lebensmöglichkeit, wird hier nicht bis zur Katastrophe vorangetrieben, sondern durch die „unerhörte Tat" zugunsten menschlicher Bewährung, Freiheit und Versöhnung überwunden. Wie die übrigen großen Beispiele der Sondergattung Schauspiel – Lessings „Nathan der Weise" (1779), Schillers „Wilhelm Tell" (1804), Kleists „Prinz Friedrich von Homburg" (1810) – ist Goethes „Iphigenie" also eine **verhinderte** Tragödie.

Die Überwindung des Tragischen in „Iphigenie"

Die sprachliche Form

Sprachliche Kennzeichen

⟹   Blankvers (fünfhebiger ungereimter Jambus)
⟹   anspruchsvoller, rhetorisch bis hin zur Stichomythie zugespitzter, aber auch natürlich fließender Sprachton.
⟹   Sentenzen als Unterstreichung des allgemeinen Gültigkeitsanspruchs von Argumenten.
⟹   Einsatz besonderer Mittel zur Intensivierung des Ausdrucks an bedeutungsvollen Stellen (Gebet, Lied).

Sprachform der endgültigen Fassung von Goethes „Iphigenie auf Tauris" ist der Blankvers, also der ungereimte fünfhebige Jambus, der seit Lessings „Nathan der Weise" (1779) zum repräsentativen Dramenvers der deutschen Klassik geworden ist und auf das Vorbild Shakespeares zurückgeht. Als Beispiel hier in metrischer Umschrift der Beginn des Schauspiels:

Blankvers: fünfhebiger Jambus

x x́ x x́ x x́ x x́ x x́ x   „Heraus in eure Schatten, rege Wipfel
x x́ x x́ x x́ x x́ x x́ x   Des alten, heil'gen, dicht belaubten Haines,
x x́ x x́ x x́ x x́ x x́   Wie in der Göttin stilles Heiligtum,
x x́ x x́ x x́ x x́ x x́   Tret ich noch jetzt mit schauderndem Gefühl,
x x́ x x́ x x́ x x́ x x́ x   Als wenn ich sie zum ersten Mal beträte,
x x́ x x́ x x́ x x́ x x́   Und es gewöhnt sich nicht mein Geist hierher."

In diesem regelmäßig alternierenden (zwischen Hebung und Senkung abwechselnden) Vers kann der Versschluss jeweils männlich (mit einer letzten Hebung; 3, 4, 6) oder weiblich (mit einer letzten Senkung; 1, 2, 5) gehalten sein, was an der Zahl der Hebungen, die für den Vers konstitutiv ist, nichts ändert. Der Vers ist von besonderer Geschmeidigkeit, da er (etwa im Gegensatz zum oft gestelzt klingenden sechshebigen Alexandriner) keine feste Zäsur (Mittelpause) hat und Betonungsverschiebungen als auflockerndes Element gestattet (in der letzten Beispielzeile etwa lässt sich der Versbeginn statt jambisch „und **es**" durchaus auch trochäisch „**und** es" lesen; die ‚natürliche' sollte hier sogar die ‚metrische' Betonung überspielen). Die Elision (Auslassung) eines unbetonten Vokals aus Gründen des metrischen Flusses ist möglich (Beispiel in V. 2: „heil'gen"). Antilabe (Aufteilung eines Verses auf zwei oder sogar mehrere Sprecher)

Männlicher und weiblicher Versschluss

Metrische und natürliche Betonung

Elision

Antilabe

ist ebenfalls ein Mittel, abgemessene Künstlichkeit des Sprachfortlaufs zu vermeiden; Goethe gebraucht dieses Mittel in „Iphigenie" gelegentlich (z. B. in V. 214, der auf Thoas und Iphigenie aufgeteilt wird). So entsteht ein nicht zu hochtrabender, jedoch zu allen Modulationen der Skala von natürlichem bis zu feierlichem Sprechen geeigneter Vers, dessen ebenso ausdrucksvolles wie entspanntes Fließen gerade in „Iphigenie" immer wieder bewundert worden ist.

Bezeichnend ist hierzu Goethes eigene Bekundung in der „Italienischen Reise", die das gleichsam natürliche Zustandekommen der endgültigen Versfassung auf der Grundlage der vorherigen Fassungen in Prosa (1779) und in freirhythmischen Versen (1780) betont. Goethe schreibt unter dem Datum des 6. Januar 1787: „Mein Verfahren dabei war ganz einfach: ich schrieb das Stück ruhig ab und ließ es Zeile für Zeile, Periode für Periode regelmäßig erklingen." Wie versnah rhythmisiert schon die Prosafassung auf den Zuhörer wirkt, bezeugt ein Bericht von Christoph Martin Wieland, der Goethe am Weimarer Hof die Prosafassung vorlesen hörte und ganz selbstverständlich von einem Versdrama spricht. Hier zum Vergleich die Anfänge der Prosafassung und der 1. Versfassung:

> „Heraus in eure Schatten, ewig rege Wipfel des heiligen Hains, hinnein ins Heiligtum der Göttinn, der ich diene, tret' ich mit immer neuen Schauer und meine Seele gewöhnt sich nicht hierher!"

Prosafassung

> „Heraus in eure Schatten ewigrege Wipfel
> Des heil'gen Hayns; hinein ins Heiligthum
> Der Göttinn, der ich diene, tret ich mit immer neuem
>   Schauer;
> Und meine Seele gewöhnt sich nicht hierher!"

Freirhythmische Versfassung

Die Entstehung der endgültigen Fassung in Blankversen lässt sich also keineswegs als eine Umänderung, sondern eher als das befreiende Herausschälen einer im Kern schon vorhandenen oder zumindest angelegten rhythmischen Form verstehen. Das geschieht auch hier ohne jeden Schematismus.

Abweichungen vom Blankvers als Mittel der Ausdruckssteigerung

Daher finden sich auch in der endgültigen Fassung noch verschiedene Abweichungen von der gewählten Versform, die jedoch nicht auf mangelnde stilistische Konsequenz hindeuten, sondern im Dienst bestimmter Ausdruckswirkungen stehen. Dies gilt sowohl für einzelne Verse als auch für ganze Passagen:

Beispiele
einzelner Verse

– Orests Ausruf „zwischen uns / Sei Wahrheit!" (III,1, 1080 f.), dessen zweiter Teil allein eine Verszeile füllt, erhält dadurch eine Herausgehobenheit, die ihn auch klanglich als entscheidenden Durchbruch von der bisherigen Verstellung eben zur ‚Wahrheit' kennzeichnet.
– Iphigenies verlegene Antwort an Thoas, der sie nach der Identität der beiden Fremden fragt, verlässt in V. 1889 („Sie sind – sie scheinen – für Griechen halt ich sie") das alternierende Hebung-Senkung-Schema: Vor „Griechen" erscheinen zwei Senkungen statt einer. Dadurch gerät der geläufige Sprachfluss ins Stocken, wird für einen Augenblick unrhythmisch – die Verwirrung der hier schuldbewussten Iphigenie, die ja dem König ihr Wissen verbergen will, wird Klang.
– Als weiteres Beispiel wäre auch das letzte Wort des Königs, sein „Lebt wohl!" (V. 2174), zu nennen. Während noch das vorausgehende „So geht!" (V. 2151) metrisch eingegliedert ist, indem es durch Iphigenie zum vollen Vers ergänzt wird, steht das Abschiedswort des zurückbleibenden Königs isoliert und setzt damit seiner symbolischen Aufnahme in die humane Gemeinschaft kontrapunktisch die faktische Trennung entgegen.

Solch subtil und sparsam gesetzte, aber eben doch klanglich-sinnlich spürbare Ausdrucksakzente werden an Bedeutung überragt von einigen wenigen Stellen, an denen das Schauspiel für eine ganze Passage den Blankvers aufgibt und durch diesen auffälligen klanglichen Wechsel besonders bedeutungsvolle Stellen heraushebt:

Iphigenies Gebet
(I,4)

– Dem Gebetston, den Iphigenie im Auftritt I,4 („Du hast Wolken, gnädige Retterin") anschlägt und dem auch die Anrede der Göttin in der 2. Person entspricht, kommt als formale Intensivierung der Übergang dieses ganzen Auftritts zu einem kürzeren, vierhebigen, Trochäen ($\acute{x}$ x) und Daktylen ($\acute{x}$ x x) mischenden Vers entgegen.
– Eine ähnliche Ausdrucksverstärkung kennzeichnet im Auftritt III,2 die Sprache Orests, wenn er sich, wie-

der in der 2. Person, in seiner Vision an die „Väter"
(V. 1281 ff.) wendet; Goethe verknappt hier wiederum
den Vers auf nur 4 Hebungen, behält jedoch den Jambus (x x́) als Taktart bei.

Orests Vision (III,2)

– Noch stärker verkürzt sich der Vers im Auftritt IV,1,
an dessen Beginn Iphigenie (V. 1369 ff.) Pylades' Hilfe
als Gabe der Götter deutet; wieder eine gebetsnahe
Situation.

Iphigenies Deutung (IV,1)

– Am deutlichsten wird jedoch die vorübergehende
Aufgabe des Blankverses im Auftritt IV,5, wo Iphigenie,
am Rand ihrer seelischen Kräfte, zu dem altüberliefer-
ten „Parzenlied" ihres Geschlechts greift. Nicht nur
der durch die Reduktion auf nur 2 Hebungen unge-
mein intensiv und schwer klingende Vers, sondern
auch die strophische Liedform gibt diesem Text das
Gepräge einer in sich geschlossenen Einheit.

Iphigenies „Parzenlied"

Hinzu treten weitere intensive Klangmittel. Die Allitera-
tion (Gleichklang der Anlaute sinntragender Wörter)
wird gebraucht:

> „Sie **h**alten die **H**errschaft
> In ewigen **H**änden."

Das kann sich bis zu besonders ausdrucksvollen laut-
malerischen Effekten steigern, etwa wenn das schlim-
me Geschick der verstoßenen Menschen in bedrohlich
gehäuften Zischlauten erklingt:

> „Erhebet ein **Z**wi**st** **s**ich,
> So **st**ür**z**en die Gä**st**e
> Ge**sch**mäht und ge**sch**ändet
> In nä**ch**tli**ch**e Tiefen […]."

Unabhängig von den hier beispielhaft verzeichneten, lediglich von der speziellen Form des Blankverses abweichenden Passagen ist die Sprache des Schauspiels durchweg charakterisiert durch die Stiltendenzen, die für das
klassische Drama des anspruchsvollen Stils generell typisch sind. Der Sprachstil ist, auch über die Individuali-
tät der Figuren hinweg, einheitlich. Der Wortschatz ist
in hohem Maß allgemein und begrifflich; spezielles Vo-
kabular, etwa aus dem Bereich des Gegenständlichen
oder der Lebenspraxis, wird zurückgedrängt. Im Zusammenhang mit diesem Hang zur Generalisierung ist

Stiltendenzen des klassischen Dramas

Allgemeiner Wortschatz

Hypotaktischer Satzbau

auch die bereits in anderem Zusammenhang erwähnte ‚Dämpfung' und Abdrängung der Affekte ins Adjektivische zu sehen (vgl. S. 22 f.). Der Satzbau ist anspruchsvoll, sehr stark hypotaktisch bestimmt und kann daher die Aufgabe übernehmen, auch hochkomplizierte und verschlungene Seelenregungen zu formulieren und damit zu bewältigen, wie es einem Drama der Innerlichkeit entspricht. Die überall wahrnehmbare Tendenz zu überpersönlichen Kategorien, unter die die eigenen Regungen und Situationen gestellt werden, führt häufig zu sentenziösen, äußerst verdichteten und daher allgemeingültigen Prägungen – auch dies eine typische Eigenart des klassischen Dramas. Bezeichnend sind die Verse IV, 4, 1643 ff.:

> **Pylades** Der deinen Bruder schlachtet, dem entfliehst du.
> **Iphigenie** Es ist derselbe, der mir Gutes tat.
> **Pylades** Das ist nicht Undank, was die Not gebeut.
> **Iphigenie** Es bleibt wohl Undank; nur die Not entschuldigt.
> **Pylades** Vor Göttern und vor Menschen dich gewiss.
> **Iphigenie** Allein mein eigen Herz ist nicht befriedigt.
> **Pylades** Zu strenge Fordrung ist verborgner Stolz.
> **Iphigenie** Ich untersuche nicht, ich fühle nur.
> **Pylades** Fühlst du dich recht, so musst du dich verehren.
> **Iphigenie** Ganz unbefleckt genießt sich nur das Herz.

Sentenzen

Hier sind eine ganze Reihe von Argumenten, die in der Auseinandersetzung genannt werden, so allgemein gültig formuliert, dass man den jeweiligen Vers geradezu als Sentenz oder Maxime aus dem dramatischen Zusammenhang herauslösen und als Lebensregel darbieten könnte, etwa Pylades' „Das ist nicht Undank, was die Not gebeut" oder „Zu strenge Fordrung ist verborgner Stolz". Auch der gesamte Verlauf dieser dialogischen Zuspitzung, die extreme Formalisierung und Ritualisierung eines Streits, in dem jeder der Partner genau jeweils einen Vers entgegnet, jeder das vorherige Argument des anderen aufnimmt und durch eine neue Pointierung gegen ihn kehrt, ist schon seit der Antike als Stichomythie bekannt und findet sich in allen klassischen Dramen wieder; auch in „Iphigenie" an zahlreichen weiteren Stellen.

Stichomythie

Es bleibt schließlich zu erwähnen, wie sehr die Sprache des Schauspiels durch rhetorische Figuren und daneben durch eine reiche Metaphorik und weitere Mittel der

Rhetorische Figuren

Bildlichkeit durchsetzt ist. Beispiele für die unzähligen rhetorischen Figuren wären etwa das schöne Oxymoron, mit dem Iphigenie am Ende des Monologs I,1 von „dem Leben hier, dem zweiten Tode" spricht, wären auch die zahlreichen rhetorischen Fragen, aus denen der mächtige Schwung ihrer Selbstreflexion „Hat denn zur unerhörten Tat der Mann […]" (V,3,892 ff.) sich speist. Wie dann in der Metaphorik des Werks ganze Bildbereiche entfaltet werden, zeigt exemplarisch III,1,1139 ff.:

Metaphorische
Bereiche

> **Iphigenie** Kannst du, Orest, ein freundlich Wort vernehmen?
> **Orest** Spar es für einen Freund der Götter auf.
> **Iphigenie** Sie geben dir zu neuer Hoffnung Licht.
> **Orest** Durch Rauch und Qualm seh ich den matten
>   Schein
> Des Totenflusses mir zur Hölle leuchten.
> […]
> O lass dein Fragen und geselle dich
> Nicht auch zu den Erinnyen; sie blasen
> Mir schadenfroh die Asche von der Seele
> Und leiden nicht, dass sich die letzten Kohlen
> Von unsers Hauses Schreckensbrande still
> In mir verglimmen. […]

Hier und auch im weiteren Fortgang des Dialogs wird der gesamte metaphorische Bereich des Feuers und des Brennens durchschritten. Klassische Sprache schmückt sich nicht einfach mit Bildern aller Art, sondern sie nutzt – und verleiht zugleich ihren Figuren – eine traditionell verfügbare, in sich stimmige Bildwelt, die einen gemeinsamen seelischen Innenraum vertritt.

Mythologischer Hintergrund

Mythologischer
Hintergrund

Die Götter der griechischen Mythologie
- ⇒ treten in der römischen Sagenwelt unter anderen Namen auf.
- ⇒ haben kein feststehendes Gepräge, sondern wechselnde Eigenschaften und vielfältige „Zuständigkeiten".
- ⇒ erscheinen nicht als Angehörige einer abgehobenen Welt über den Menschen, sondern greifen in deren Treiben ein, oft in Konkurrenz zueinander.

In der griechischen Mythologie kann nicht von einer scharf umrissenen und in sich kohärenten Darstellung der einzelnen Götterfiguren und Ereignisse die Rede sein. Die griechisch-römische Sagenwelt hat vielmehr an verschiedenen Orten und zu verschiedenen Zeiten, vor allem auch durch die verschiedenen Dichter und Schriftsteller schon der Antike zahllose Umprägungen, Umdeutungen und Variationen erfahren, die z. B. in der verwirrenden Vielzahl der ‚Zuständigkeiten' einzelner Götter greifbar werden. Die folgende Übersicht beschränkt sich daher auf die Figuren und Sachverhalte, die für „Iphigenie auf Tauris" wesentlich sind.

Wie die Götterwelt in den griechischen Mythen nicht einheitlich gezeichnet ist, so gibt es auch keine scharf umrissene Grenze zwischen göttlicher und menschlicher Sphäre. Götter verbinden sich mit Menschen, Menschen führen ihre Herkunft auf Götter zurück, Götter greifen in menschliches Handeln unmittelbar ein.

Der Tantaliden-Mythos, der als einer der vielfältigsten, verschlungensten und literarisch fruchtbarsten gelten kann, setzt unmittelbar beim Göttervater selbst an, wie das genealogische Schaubild auf S. 70 f. zeigt.

Bedeutende Gestalten der griechischen Mythologie

Zeus

Zeus (lat.: Jupiter) ist der oberste der olympischen Götter, Vater der Götter und Menschen. Nachdem er mit seinen Geschwistern, den olympischen Göttern, die Titanen, die Giganten und alle unholden Mächte der Finsternis und der rohen Gewalt niedergeworfen und eine Welt der Ordnung und des Gesetzes gegründet hat, ruft er eine große Zahl göttlicher

Wesen ins Dasein, die ihn in der Erhaltung seiner Weltordnung stützen sollen. Er erzeugt mit Themis die Horen (Göttinnen der Witterung) und die Moiren (Göttinnen des Schicksals), mit Eurynome die Chariten (Göttinnen der Anmut und
Lebensfreude), mit Demeter die Persephone (Göttin des
Wachstums; später als Gattin von Zeus' Bruder Hades Herr-
scherin der Unterwelt), mit Mnemosyne die Musen (Göttinnen
der Künste), mit der Titanin Leto das Zwillingspaar Apollon
und Artemis, mit anderen göttlichen und sterblichen Frauen
weitere Gottheiten.

Die gestürzten Titanen kamen nach ältesten Vorstellungen
in den **Tartaros**, einen ehernen Kerker noch unter der eigentlichen Unterwelt, dem Reich des Unterweltgottes Hades
und der Persephone. Später wurde der Tartaros als Teil der
Unterwelt angesehen. Durch deren öde Räume fließt der
Unterweltsfluss Styx; weitere unterirdische Flüsse begrenzen
zusammen mit diesem das Totenreich, so der Acheron.
Während die Guten und Gerechten unter den Verstorbenen
in den elysischen Gefilden ein glückseliges Weiterleben führen, werden die Schuldbeladenen den **Erinnyen** (lat.: Furien)
übergeben, weiblichen Rachegeistern, die sie verfolgen und
nach dem Grad der Schuld peinigen.

Apollon (lat.: Phoebus Apollo), wie seine Zwillingsschwester
Artemis Sohn des Zeus und der Leto (Latona), ist Gott des
Lichts (später in Verschmelzung mit dem Gott Helios als Sonnengott verstanden), Schützer des Wachstums und des Früh-
lings, in weiterem Verständnis der Gott der Musik und Dicht-
kunst. Wahrscheinlich in Anlehnung an seine Eigenschaft
als Gott des Lichts wird Apollon schon früh auch als Gott der
Seher und Weissagenden verehrt; nach den alten Sagen
äußerte er sich in Orakeln, u. a. in dem berühmten Orakel zu
Delphi, das als Spruchorakel Aussagen in symbolisch verhüll-
ter, vieldeutiger und oft dunkler Form machte.

Artemis (lat.: Diana), die Zwillingsschwester des Apollon,
unvermählt wie dieser, wird als Naturgöttin verehrt, als
Göttin des Meeres und der Schifffahrt (daher Einfluss auf
die Ausfahrt der griechischen Flotte nach Troja), daneben
auch als Göttin der Jagd mit Pfeilen dargestellt. Menschenopfer, die der Artemis dargebracht wurden, sind für Sparta
überliefert; daneben ist eine Verschmelzung mit einer au-
ßergriechischen, ebenfalls jungfräulichen Göttin der Cher-
sones (heute: Krim; das Gebiet der Insel Tauris in Goethes
Schauspiel) wahrscheinlich, der lange Zeit Menschen geopfert wurden.

Tartaros

Furien

Apoll

Diana

69

Genealogie der für Goethes Schauspiel bedeutsamen Gestalten der griechischen Mythologie

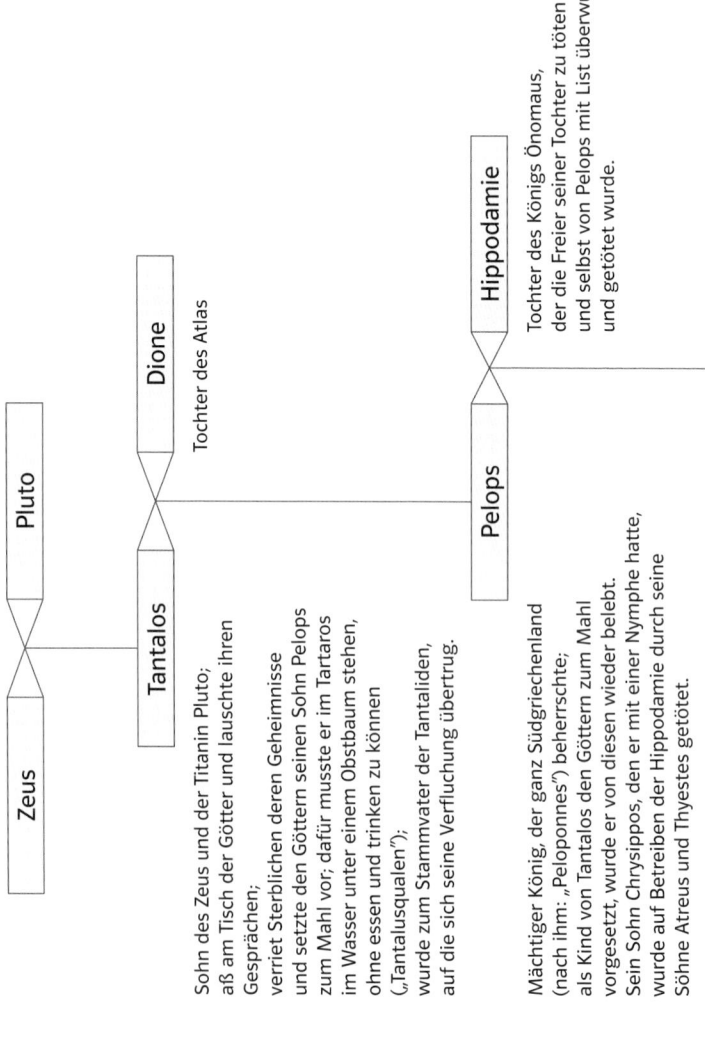

Zeus — **Pluto**

Tantalos — **Dione**

Tochter des Atlas

Sohn des Zeus und der Titanin Pluto;
aß am Tisch der Götter und lauschte ihren Gesprächen;
verriet Sterblichen deren Geheimnisse und setzte den Göttern seinen Sohn Pelops zum Mahl vor; dafür musste er im Tartaros im Wasser unter einem Obstbaum stehen, ohne essen und trinken zu können („Tantalusqualen");
wurde zum Stammvater der Tantaliden, auf die sich seine Verfluchung übertrug.

Pelops — **Hippodamie**

Tochter des Königs Önomaus, der die Freier seiner Tochter zu töten pflegte und selbst von Pelops mit List überwunden und getötet wurde.

Mächtiger König, der ganz Südgriechenland (nach ihm: „Peloponnes") beherrschte;
als Kind von Tantalos den Göttern zum Mahl vorgesetzt, wurde er von diesen wieder belebt.
Sein Sohn Chrysippos, den er mit einer Nymphe hatte, wurde auf Betreiben der Hippodamie durch seine Söhne Atreus und Thyestes getötet.

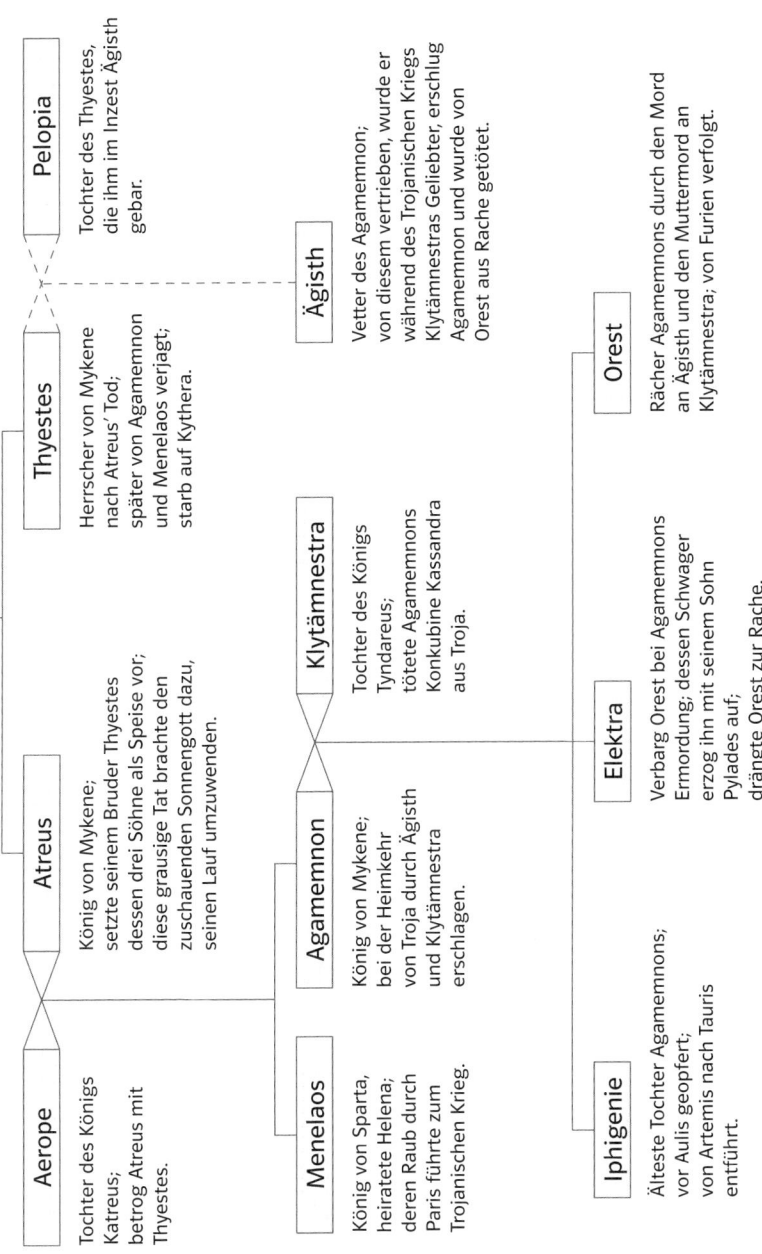

Aerope

Tochter des Königs Katreus; betrog Atreus mit Thyestes.

Atreus

König von Mykene; setzte seinem Bruder Thyestes dessen drei Söhne als Speise vor; diese grausige Tat brachte den zuschauenden Sonnengott dazu, seinen Lauf umzuwenden.

Thyestes

Herrscher von Mykene nach Atreus' Tod; später von Agamemnon und Menelaos verjagt; starb auf Kythera.

Pelopia

Tochter des Thyestes, die ihm im Inzest Ägisth gebar.

Ägisth

Vetter des Agamemnon; von diesem vertrieben, wurde er während des Trojanischen Kriegs Klytämnestras Geliebter, erschlug Agamemnon und wurde von Orest aus Rache getötet.

Menelaos

König von Sparta, heiratete Helena; deren Raub durch Paris führte zum Trojanischen Krieg.

Agamemnon

König von Mykene; bei der Heimkehr von Troja durch Ägisth und Klytämnestra erschlagen.

Klytämnestra

Tochter des Königs Tyndareus; tötete Agamemnons Konkubine Kassandra aus Troja.

Orest

Rächer Agamemnons durch den Mord an Ägisth und den Muttermord an Klytämnestra; von Furien verfolgt.

Iphigenie

Älteste Tochter Agamemnons; vor Aulis geopfert; von Artemis nach Tauris entführt.

Elektra

Verbarg Orest bei Agamemnons Ermordung; dessen Schwager erzog ihn mit seinem Sohn Pylades auf; drängte Orest zur Rache.

Entstehungsgeschichte

**Entstehungs-
geschichte**

Goethes *Iphigenie*
➡ wurde zwischen 1779 und 1786 verfasst.
➡ entstand in mehreren Fassungen.
➡ hatte lange Zeit geringen Erfolg beim Publikum.

Zeittafel zur Entstehung der Textfassungen

1779   Januar: Goethes Reisen durch das Gebiet des Herzogtums Weimar mit dem Auftrag, Rekruten für das preußische Militär auszuheben.

14. Februar: Erste Erwähnung der Arbeit an einem Schauspiel über Iphigenie, das im Auftrag des Weimarer Hofs als Festspiel zur Geburt einer Tochter des Herzogspaars aufgeführt werden soll.

19. März: Bei Ilmenau Entstehung des IV. Aufzugs (der Prosa-Fassung).

28. März: Fertigstellung der ersten Fassung in Prosa.

6. April: Aufführung dieser Fassung vor dem Hofpublikum in Weimar; als Schauspieler Personen des Hofs, Goethe selbst als Orest; einzige Berufsschauspielerin Corona Schröter als Iphigenie.

12. Juli: Erneute Aufführung auf dem Jagdschloss Ettersburg; Herzog Carl August in der Rolle des Pylades.

1780   Entstehung der zweiten Fassung in freirhythmischen Versen (Jamben mit variabler Hebungszahl).

1781   Entstehung einer weiteren Prosafassung.

1786   24. Juli: Reise nach Karlsbad; dort Beginn der Arbeit an einer neuen Versfassung.

3. September: Überraschende Abreise nach Italien; Mitnahme verschiedener Manuskripte, darunter „Iphigenie".

Fortschreiten der Arbeit in Italien; Mithilfe von K. Ph. Moritz in metrischen Fragen; Lesung aus dem umgearbeiteten Manuskript vor dem Maler J. H. W. Tischbein.

	29. Dezember: Fertigstellung der endgültigen Fassung in Blankversen in Rom.
1787	13. Januar: Übersendung der endgültigen Fassung nach Weimar an J. G. Herder mit der Bitte, „hier und da dem Wohlklange nachzuhelfen".
	Erscheinen der endgültigen Fassung in der achtbändigen Ausgabe von Goethes „Schriften" bei Göschen (3. Band); ferner Erscheinen eines Einzeldrucks; geringe Beachtung beim Publikum.
1789	Besprechung der „Iphigenie" durch Friedrich Schiller.
1800	7. Januar: Aufführung der „Iphigenie" in Wien.
1802	15. Mai: Aufführung in Weimar durch Schiller in einer von ihm arrangierten gekürzten Fassung, die nicht erhalten ist.
1839	Veröffentlichung der Prosafassung von 1781.
1854	Veröffentlichung der ursprünglichen Prosafassung von 1779.
1883	Veröffentlichung der freien Versfassung von 1780.

Stoffgeschichte

Die Figur der Iphigenie

→ entstammt dem griechischen Sagenkreis um die Vorgeschichte des Trojanischen Kriegs.

→ erscheint bei vielen antiken und nachantiken Autoren als Dramenfigur.

→ wurde von Goethe nach dem Vorbild der Tragödie „Iphigenie bei den Taurern" von Euripides aufgegriffen und im Sinn einer konsequenten Verinnerlichung umgestaltet.

Drei Lebensstationen Iphigenies haben seit der Antike immer wieder Niederschlag in der Literatur gefunden:

- Iphigenies Opferung in Aulis,
- Iphigenies Wirken auf der Insel Tauris,
- Iphigenies Rückkehr nach Delphi.

Daneben gehört Iphigenie natürlich auch zum Geschehenshintergrund der zahllosen literarischen Werke, die das Schicksal der Geschwister Orest und Elektra gestalten.

„Iphigenie in Delphi"

Kein antikes Drama ist zu dem Handlungskomplex um Iphigenies glückliche Rückkehr nach Griechenland, wo sie im delphischen Apollotempel ihr Entsühnungswerk vollendet, erhalten. Immerhin aber trug sich Goethe während seiner Italienreise und der Beschäftigung mit seinem Schauspiel vorübergehend mit dem Plan, an diesem Stoff nochmals das Wechselspiel von drohender Katastrophe und deren Abwendung aufzugreifen. Es lässt sich jedoch schwer vorstellen, dass daraus mehr als eine Doublette der „Iphigenie auf Tauris" geworden wäre, und Goethe wandte sich von dem Gedanken wieder ab.

Nicht so Gerhart Hauptmann, der ausgerechnet zwischen 1940 und 1944 eine groß angelegte, sprachlich schwülstige Atriden-Tetralogie verfasste und dieses Unterfangen mit einer düsteren „Iphigenie in Delphi" begann – man mag das ganze Unternehmen je nach Geschmack als eine mythische Beschwörung oder auch Verunklärung der geschichtlichen Untergangsorgie nehmen, der Hauptmann damals beiwohnte und deren Verantwortliche er mit seiner Feder tatkräftig unterstützt hatte.

Iphigenies Opferung in Aulis, die stoffliche Vorstufe der Bearbeitungen, die ihr Wirken auf Tauris zeigen, ist dagegen in repräsentativen Dramen der Antike gestaltet, vor allem in „Iphigenie in Aulis" des Euripides, das Friedrich Schiller übersetzt hat. Das Werk, das wohl nach Euripides' Tod zu den Dionysien des Jahres 405 v. Chr. aufgeführt wurde, schloss in der verstümmelt erhaltenen ursprünglichen Fassung mit dem Erscheinen der Göttin Artemis und ihrer Ankündigung, die zum Opfer bestimmte Iphigenie werde stattdessen entführt und an ihrer Stelle eine Hirschkuh geschlachtet; spätere Zutaten variieren und umkleiden dieses Ende. In der Feinzeichnung der Figuren – des widerstrebenden Verlobten Achill, des von Mitleid erfüllten Menelaos, des tragisch zerrissenen Agamemnon, schließlich der von Leid umschatteten und dann doch opferbereiten Iphigenie – gilt das Werk als bezeichnendes Dokument des Übergangs von mythologischer zu psychologischer Gestaltungsweise. Es wurde zur Vorlage der klassischen französischen Tragödie „Iphigénie" (1674) von Jean Racine, in der die Stilzüge des geschlossenen Dramas (vgl. S. 49 ff.), etwa die Verbannung aller dramatisch-äußerlichen Ereignisse hinter die Bühne und ihr indirekter Einbezug durch Botenberichte, voll ausgebildet sind und die insofern auf Goethes Schauspiel vorausweist.

Wiederum von Euripides stammt die direkte Vorlage Goethes, die Tragödie „Iphigenie bei den Taurern", die wohl um 412 entstand; ein Alterswerk von noch größerer Verfeinerung als das zuvor genannte Drama. Eine kurze Handlungsskizze zeigt die bezeichnenden Unterschiede zu Goethes Fassung:

Iphigenie wirkt auf Tauris als Priesterin der Göttin Artemis, der sie Menschenopfer darbringt. Sie ist von Hass gegen Menelaos und Helena, in denen sie die Stifter des Unheils ihres Hauses sieht, erfüllt; dieser Hass richtet sich auch stellvertretend gegen die beiden Fremden, die von Rinderhirten gefangen und zu ihr gebracht worden sind: Orest und Pylades, die, noch unerkannt, Apollos Orakelspruch erfüllen wollen, wonach mit der Rückführung des Bildes seiner Schwester sich Orest von der Verfolgung der Erinnyen befreien kann. In einer großen

„Iphigenie in Aulis"

„Iphigenie bei den Taurern"

75

Erkennungsszene wird der Fluchtplan erdacht. Iphigenie ersinnt die List, das Bild müsse entsühnt und deshalb in Meerwasser gebadet werden. König Thoas, der das Barbarenvolk der Insel regiert, gibt arglos seine Zustimmung. Dennoch wird der Plan entdeckt, die Fliehenden werden zurückgehalten und dem Zorn des Königs ausgeliefert. Da erscheint die Göttin Pallas Athene als Dea ex machina und verkündet, dass dies alles nach dem Ratschluss der Götter geschehen sei, die die Griechen nach ihrer Heimat zurückgeleiten würden. Diesem Gebot der Götter fügt sich Thoas und lässt die Griechen mitsamt dem Götterbild ziehen.

Goethes Verhältnis zur Vorlage des Euripides

Die Akzentverschiebung spricht für sich. Auch bei Euripides herrscht die Sehnsucht nach Menschlichkeit, nach Auswegen aus der Verhärtung; aber griechischer Kulturstolz bezieht die barbarischen Inselbewohner nicht mit ein, sie haben nur zu gehorchen. Das Bild der Göttin wird hier real mitgenommen, und der Weg zur Lösung wird nicht wie bei Goethe als Leistung des Menschen in seiner Menschlichkeit gefunden, sondern einerseits durch menschliche List, andererseits durch göttliche Hilfe. So kommt es trotz der durchaus beseelten Züge dieser großen Tragödie nicht zu der konsequenten Verinnerlichung, wie sie Goethes Schauspiel aufweist. Jedoch sollte der direkte Vergleich beider Werke nicht unter wertenden Gesichtspunkten erfolgen; die zahlreichen national gesinnten Literaturgeschichten der Jahrhundertwende haben das allzu bedenkenlos getan und dabei natürlich das erwünschte Resultat geliefert, nämlich die turmhohe Überlegenheit des deutschen Klassikers nachzuweisen. Doch Goethe selbst hat seine nicht unbedingt erschöpfende Kenntnis der Vorlage geradezu als Entstehungsbedingung der „Iphigenie" gesehen.

Glucks Oper „Iphigenie auf Tauris"

Ein merkwürdiges Seitenstück zu Goethes Schauspiel kam am 18. Mai 1779 – also kurz nach Entstehen der ersten Fassung Goethes – auf die Pariser Opernbühne: Christoph Willibald Glucks Reformoper „Iphigenie auf Tauris" nach dem Libretto von François Guillard, das wiederum auf eine Tragödie von Guymond de la Touche zurückgeht. Die Oper markiert einen Gipfelpunkt im Schaffen des Komponisten; sie bietet alle die kräftigen sinnlichen Farben, die der frühklassischen Kunstgesinnung Goethes zum Opfer fallen mussten. Der Goethe-Biograph Richard Friedenthal schreibt:

> „Da sind all die Wirkungen, die Schiller dann, auch ein Meister der Bühne, an Goethes Werk schmerzlich vermißte: Die Furien rasen auf der Szene, nicht nur in Orestens Brust. Mit einem unvergleichlichen Furioso beginnt es schon: Sturm, Schreie des Chors (‚Helft uns Ihr Götter!‘), Schreie der Iphigenie. So hatte noch keine Oper eingesetzt und kaum ein neueres Stück – und so geht es weiter, immer in stärksten Kontrasten, auch zwischen der wilden Skythenwelt und der edleren der Griechen, mit scharfer Charakteristik der Gestalten, mit Aufbietung aller Opern- und Bühneneffekte […].“ (Richard Friedenthal, *Goethe. Sein Leben und seine Zeit*, München: Piper, 1963, S. 244)

Ein bedeutendes Werk also, das weit mehr als die Version Gerhart Hauptmanns innerhalb seiner Atriden-Tetralogie als die eigentliche ästhetische Alternative zu Goethes Schauspiel innerhalb des nachantiken europäischen Kulturkreises gelten kann. Es ist heute in zahlreichen Gesamtaufnahmen gut zugänglich und lohnt eine eingehende Beschäftigung.

Drei Schauspiele
vom guten Menschen

Drei Schau-
spiele vom
guten
Menschen

Lessings „Nathan der Weise"

➡ ist wie „Iphigenie" ein Schauspiel, vermeidet also
trotz tödlicher Ernsthaftigkeit des Geschehens ein
katastrophales Ende.

➡ sieht wie „Iphigenie" in der Verfallenheit der
Menschen an ihre Leidenschaften den Grund für
den kritischen Weltzustand.

➡ erkennt wie „Iphigenie" der überzeugungskräftigen
Rede großen Rang als Waffe der Humanität zu.

➡ sieht wie „Iphigenie" die Lösung nicht in der
Berufung auf eine göttliche Macht, sondern in der
Entscheidung des Menschen für Vernunft und
Sittengesetz.

Brechts „Der gute Mensch von Sezuan"

➡ hält sich als exemplarisches Werk des „Epischen
Theaters" von traditionellen Gattungsnormen fern.

➡ sieht in den ungerechten gesellschaftlichen
Verhältnissen das Grundübel der Welt.

➡ kennt im Stück keine befreiende Kraft des Wortes
mehr, sondern allenfalls befreiende Impulse des
Stücks auf das Publikum.

➡ gibt keine Lösung, sondern hält das Ende offen.

„Iphigenie auf Tauris" gliedert sich nicht nur stoffgeschichtlich, sondern auch motivgeschichtlich in einen
fest umrissenen Traditionszusammenhang ein: Die Frage nach der Bewährung, ja nach dem bloßen Bestehen

Das Motiv
des „guten
Menschen"

können des „guten Menschen" inmitten einer Welt böser Schuldverstrickungen und Übel ist schon vor Goethe
aus dem Geist der Aufklärung durch Lessings dramatisches Gedicht „Nathan der Weise", in der Moderne
durch Brechts Parabelstück „Der gute Mensch von Sezuan" in ähnlich prinzipieller Weise auf die Bühne gebracht worden. Die Vergleichbarkeit der Fragestellungen,
aber auch die signifikante Verschiedenheit der Lösungen
und der theatralischen Gestaltung haben immer wieder
zu Vergleichen der drei Werke geführt.

Gotthold Ephraim
Lessings „Nathan
der Weise" (1779)

In Lessings „Nathan der Weise", dessen Gattungsbezeichnung als „dramatisches Gedicht" deutlich ausweichenden

Charakter hat, ist die Nähe der Handlung zur Tragödie wie bei Goethes „Iphigenie auf Tauris" evident: Intoleranz steht als schicksalhafte Macht über der Zentralfigur des weisen Juden Nathan, dessen Frau und Söhne aus religiösem Fanatismus getötet worden sind. Der Ton sittlichen Ernstes herrscht bis zum Ende; wie die Schuld- und Frevelverstrickung menschlicher Leidenschaften den katastrophal gefährdeten Weltzustand in „Iphigenie" bedingt, so führen in „Nathan" religiöser Eifer und Machtdenken zu chaotischer Gefährdung.

Aber dann erweisen sich die zur Katastrophe treibenden Kräfte eben doch nicht als unverrückbares Verhängnis, sondern als menschliches Fehlverhalten. Dem kann mit den Mitteln aufklärerischer Vernunft begegnet werden. Ganz ähnlich wie in „Iphigenie" das Wort die entscheidende Waffe der Humanität ist, führt auch schon in „Nathan" die kämpferisch eingesetzte gleichnishaft-aufklärende Rede den Sieg der Vernunft herbei, exemplarisch in der zentralen Szene III,7 Nathans ,Ringparabel', die hinter der Frage nach dem echten Ring die Frage nach der ,echten' Religion aufsteigen – und gegenüber dem entscheidenden Kriterium praktizierter Humanität zurücktreten lässt.

Das Wort als Waffe der Humanität

Erscheinen die Götter in „Iphigenie" vor allem als humane Vorstellungen („Sie reden nur durch unser Herz zu uns", V. 494), so ist die Vorstellung vom unkenntlichen Gott, dessen Kenntnis der Mensch im Grunde nicht einmal bedarf, bereits in Lessings „Nathan" vorgeprägt: „Der echte Ring / Vermutlich ging verloren" (V. 2025 f.). Diese Pointe, wonach der Mensch sich nicht durch den Besitz der richtigen Religion, sondern durch den richtigen (d. h. zu praktizierter Humanität führenden) Besitz der Religion vollendet, erinnert in vieler Hinsicht schon an die vom Menschen geleistete Harmonie des Humanen bei „Iphigenie". Die Gewichte sind jedoch anders verteilt. Iphigenies erlösende Kraft ist als ein ethisches Ringen gegen schwerste Widerstände ganz ihre Leistung; in „Nathan" liegt der Akzent stärker auf der mitreißenden Wirkung der Vernunft. Die verwandtschaftlichen Bindungen zwischen den um Nathan selbst gruppierten Hauptfiguren des Schauspiels (die als Jüdin aufgezogene Recha, der christliche Tempelherr und der moslemische Sultan Saladin gehören zu einer einzigen Familie) wei-

Vorrang praktizierter Humanität

Fortbestand
der Harmonie
trotz Verwirrung

sen deutlich darauf hin, dass hier eine ursprünglich angelegte Harmonie nur durch die Krise einer Verwirrung gegangen ist, aber in Wahrheit immer bestanden hat. Es herrscht also ein insgesamt optimistischerer Grundton der Handlung vor als bei Goethes „Iphigenie". Nicht umsonst müssen dort auch die analytischen Handlungselemente durch synthetische (die inhaltlich Iphigenies verwandelnder Kraft entsprechen) überwunden werden, während der gleichfalls analytische Aufbau des „Nathan" wirksam bleibt – formale Entsprechung einer weltanschaulichen Akzentverschiebung.

Bertolt Brechts
„Der gute Mensch
von Sezuan"
(1943)

Sind „Iphigenie auf Tauris" und „Nathan der Weise" in ihrer Entstehung nur durch wenige Jahre getrennt, so ist Brechts modernes Gegenstück „Der gute Mensch von Sezuan" – obschon im Ton nicht frei von einer überraschend ‚klassizistischen' Ausdünnung – mehr als eineinhalb Jahrhunderte später entstanden, verarbeitet ganz andere zeitgeschichtliche Erfahrungen, verwirklicht eine völlig andersartige Theaterkonzeption. Gemeinsam mit den beiden früheren Werken ist immer noch die quasi experimentelle Zuspitzung der Handlung. Die Missstände der Welt aber sind anders begründet.

Gesellschaft-
liches vor
individuellem
Versagen

Sie leiten sich gerade nicht mehr ab aus den individuellen Fehlhandlungen der Menschen, sondern liegen an der falschen Verfasstheit der Gesellschaft, bringen damit in einer bezeichnenden Umkehrung individuelles Fehlverhalten gerade hervor. Der schlechte Weltzustand liegt nicht am Versagen des Menschen, sondern das Versagen des Menschen am schlechten Weltzustand.

Das hat tief greifende Konsequenzen für die Perspektive, mit der das Stück den Zuschauer entlässt: „Nathan" enthüllt die zeitweise überdeckte Harmonie, „Iphigenie" zeigt die punktuell geleistete Harmonie; „Der gute Mensch von Sezuan" jedoch bricht ab bei der postulierten Harmonie. So sieht man zwar im Epilog „den Vorhang zu und alle Fragen offen", ohne dass die dringend

Offener Schluss

nötige glückliche Lösung in Sicht wäre; immerhin aber macht die Logik des Stücks deutlich, dass sie nur im Wandel der gesellschaftlichen Zustände liegen könnte. Und da die vorgeführten Missstände als solche der kapitalistischen Gesellschaftsordnung bestimmt sind, scheint deren Überwindung angesagt.

Mit der Relativierung des Göttlichen, die sich schon in „Nathan" und „Iphigenie" durchsetzt, macht Brecht sich ein parodistisches Vergnügen: Götter sind in seinem Stück nicht einmal mehr humane Vorstellungen (außer im Sinn naiven Aberglaubens), sie sind ratlose Zuschauer, gebeutelte Schießbudenfiguren, geprägt vom eigenen schlechten Gewissen angesichts der heillosen Welt, zufrieden mit Scheinlösungen, die lediglich Alibifunktion haben.

Götter als Zerrbilder

Auch der Mensch wird in ganz anderer Weise zur dramatischen Figur. Im Bestehen der Krise wird ein Nathan, wird eine Iphigenie erst recht zum Menschen; ihre Identität baut sich in der Bewährungsprobe gerade auf, wird – bei Iphigenie etwa – gerade sichtbar im Sieg des ‚sittlichen' über das ‚realistische' Ich. Bezeichnend anders verfährt Brecht. Wenn in „Der gute Mensch von Sezuan" die Problematik individueller Hilfsbereitschaft innerhalb eines im Ganzen ungerechten Gesellschaftszustands szenisch durchreflektiert wird, so muss sich die mitleidige Shen Te, der die Götter ihr kleines Kapital gegeben haben, notwendig gegen die begreiflicherweise egoistischen Hilfsbedürftigen wehren. Dazu verwandelt sie sich während eines Zwischenspiels vor dem Vorhang in den „Vetter" Shui Ta, der Shen Tes Wohltaten wieder zurücknimmt. In einer Welt, in der man nicht gut sein und zugleich überleben kann, muss sich der Mensch zwangsläufig in ein ‚sittliches' und ein ‚realistisches', also hartherziges Ich aufspalten. Und dieser Zwang bleibt am Ende des Stücks bestehen, wie das letzte Gespräch Shen Tes mit den Göttern zeigt:

Aufspaltung der Identität des Menschen

> **Shen Te** Aber ich brauche den Vetter!
> **Der erste Gott** Nicht zu oft!
> **Shen Te** Jede Woche zumindest!
> **Der erste Gott** Jeden Monat, das genügt!

Mit der Einheit der dramatischen Figur ist bei Brecht noch etwas anderes zerbrochen – das Zutrauen in die humanisierende Kraft des Wortes. Das Wort, für Nathan wie für Iphigenie die einzige, aber auch mächtige Waffe, ist für Shen Te wie für die übrigen Figuren des Stücks nur als stilisiert-schlichtes Ausdrucksmedium verfügbar. Von der Gewalt parabolischer Rede ist nur rudimentär etwas übrig in den vielen Wendungen ans Publikum,

Sprache der Figuren

etwa wenn Shen Te das Schicksal ihres kaum geöffneten, schon geplünderten Ladens so im Bild zusammenfasst (Ende der 1. Szene):

> „Der Rettung kleiner Nachen
> Wird sofort in die Tiefe gezogen:
> Zu viele Versinkende
> Greifen gierig nach ihm."

Solche verdichtend deutende Passagen wenden sich ans Publikum, dringen nicht durch zu den übrigen Bühnenfiguren, wogegen Nathan und Iphigenie ihre Gegenspieler sprachlich erreichen. Wenn es also auch beim ‚Stückeschreiber' Brecht noch Vertrauen in die Leistungskraft der Sprache für den Menschen gibt, so wird diese Leistungskraft jedenfalls nicht im Binnenraum des Stücks wirksam, sie kann nur wirken als die Sprache des Stücks, aufgenommen von einer Zuschauerschaft, die in der kritischen Distanz zu den Geschöpfen des Epischen Theaters auch Distanz zum eigenen konsumierenden Theatergenuss findet. Das Identifikationstheater der Klassiker, das eher dem ästhetischen Genuss als der gesellschaftlichen Aktivierung diene, nennt Brecht spöttisch „kulinarisch". Welche Ironie der Wirkungsgeschichte, dass mit Brechts wachsender Anerkennung auch seine bedeutendsten Theaterspiele – und gerade „Der gute Mensch von Sezuan" – längst kulinarisch geworden sind!

Sprache von Brechts Stück

Urteile und Deutungen

Urteile über Goethes Schauspiel
- ➡ Friedrich Schiller erkennt den poetischen Rang der „Iphigenie", meldet aber Vorbehalte gegen die Bühnenwirksamkeit des Schauspiels an.
- ➡ Richard Friedenthal betont Iphigenies beherrschende Zentralstellung, die bis zur Schattenhaftigkeit der anderen Figuren führe.
- ➡ Benno von Wiese weist auf die düsteren Mächte hin, die nur mit Mühe neutralisiert werden.
- ➡ Kurt R. Eissler arbeitet die Bezüge zu Goethes eigener Lebensproblematik heraus.

Zwischen der Uraufführung der Prosafassung (1779) im engeren Kreis des Weimarer Hofs und der Erstaufführung des (von Schiller bearbeiteten) endgültigen Schauspiels in Versform (1802) liegt eine Zeitspanne von mehr als zwei Jahrzehnten, in der die „Iphigenie auf Tauris" keineswegs die zentrale Gültigkeit zuerkannt wurde, in der man dieses frühe Gipfelwerk der deutschen Klassik heute sieht. Schon Friedrich Schillers briefliche Äußerungen zu Goethe und zu seinem vertrauten Freund Körner sind, neben aller Anerkennung für den geistigen Rang des Werks, doch auch von deutlicher Reserve in Bezug auf die theatralische Wirksamkeit dieses extremen Seelendramas geprägt:

> „Orest selbst ist das Bedenklichste im Ganzen; ohne Furien ist kein Orest, und jetzt, da die Ursache seines Zustands nicht in die Sinne fällt, da sie bloß im Gemüt ist, so ist sein Zustand eine zu lange und zu einförmige Qual, ohne Gegenstand; hier ist eine von den Grenzen des alten und neuen Trauerspiels. Möchte Ihnen etwas einfallen, diesem Mangel zu begegnen, was mir freilich bei der jetzigen Ökonomie des Stücks kaum möglich scheint; denn was ohne Götter und Geister daraus zu machen war, das ist schon geschehen. Auf jeden Fall aber empfehl ich Ihnen die Orestischen Szenen zu verkürzen. Ferner gebe ich Ihnen zu bedenken, ob es nicht ratsam sein möchte, zur Belebung des dramatischen Interesse, sich des Thoas und seiner Taurier, die sich zwei ganze Akte durch nicht rühren, etwas früher zu erinnern und beide Aktionen, davon die eine jetzt zu lange ruht, in gleichem Feuer zu erhalten. Man hört zwar im zweiten und dritten Akt von der Gefahr des Orest und Pylades, aber man sieht nichts davon, es ist nichts

Schillers Brief an Goethe vom 22. Januar 1802

Sinnliches vorhanden, wodurch die drangvolle Situation zur Erscheinung käme. […]

Es gehört nun freilich zu dem eigenen Charakter dieses Stücks, daß dasjenige, was man eigentlich Handlung nennt, hinter den Kulissen vorgeht, und das Sittliche, was im Herzen vorgeht, die Gesinnung, darin zur Handlung gemacht ist und gleichsam vor die Augen gebracht wird. Dieser Geist des Stücks muß erhalten werden, und das Sinnliche muß immer dem Sittlichen nachstehen; aber ich verlange auch nur so viel von jenem, als nötig ist um dieses ganz darzustellen.

Iphigenia hat mich übrigens, da ich sie jetzt wiederlas, tief gerührt, wiewohl ich nicht leugnen will, daß etwas Stoffartiges dabei mit unterlaufen mochte. Seele möchte ich es nennen, was den eigentlichen Vorzug davon ausmacht."

Schillers Brief an Ch. G. Körner vom 21. Januar 1802

„Hier wollen wir im nächsten Monat Goethes Iphigenia aufs Theater bringen; bei diesem Anlaß habe ich sie auf's neue mit Aufmerksamkeit gelesen, weil Goethe die Nothwendigkeit fühlt, einiges darin zu verändern. Ich habe mich sehr gewundert, daß sie auf mich den günstigen Eindruck nicht mehr gemacht hat, wie sonst; ob es gleich immer ein seelenvolles Product bleibt. Sie ist aber so erstaunlich modern und ungriechisch, daß man nicht begreift, wie es möglich war, sie jemals einem griechischen Stück zu vergleichen. Sie ist ganz nur sittlich; aber die sinnliche Kraft, das Leben, die Bewegung und alles, was ein Werk zu einem ächten dramatischen specificirt, geht ihr sehr ab. Goethe hat selbst mir schon längst zweideutig davon gesprochen – aber ich hielt es nur für eine Grille, wo nicht gar für Ziererei; bei näherem Ansehen aber hat es sich mir auch so bewährt. Indessen ist dieses Product in dem Zeitmoment, wo es entstand, ein wahres Meteor gewesen, und das Zeitalter selbst, die Majorität der Stimmen, kann es auch jetzt noch nicht übersehen; auch wird es durch die allgemeinen hohen poetischen Eigenschaften, die ihm ohne Rücksicht auf seine dramatische Form zukommen, bloß als ein poetisches Geisteswerk betrachtet, in allen Zeiten unschätzbar bleiben."

Im Zug der Klassikerverehrung, die schon früh im 19. Jahrhundert einsetzt und vor allem nach der Reichsgründung 1871 ihren Höhepunkt erlebt, erhält dann gerade Goethes Iphigenien-Drama kanonischen Rang als Zeugnis der griechisch-deutschen Seelenverwandtschaft und der letztlichen Überlegenheit deutschen Geistes. Das hat Rückwirkungen auch auf das Verständnis des Schauspiels. Eine verklärende Betrachtungsweise setzt sich durch, die „Iphigenie auf Tauris" zum hymnischen ‚Hohelied der Menschlichkeit' erklärt und darüber alle Momente des Chaotischen und alle Verstrickungen und Gefährdungen des Menschen gering achtet. Ein Nachklang dieser allzu harmonisierenden Auffassung ist noch bei dem sonst durchaus kritisch distanzierten Goethe-Biographen Richard Friedenthal vernehmbar:

> „Kein Schrei hallt in Goethes Werk. Kaum sind Kontraste angedeutet. Alle Gestalten sind edel, bis zu den Nebenfiguren. Auch der Barbarenkönig ist vornehm und verzeiht. Es stürmt nicht, es weht kaum ein Wind in den Wipfeln des Hains der Diana. Alle äußeren Effekte sind vermieden bis zu dem Punkt, an dem die Handlung nahezu unverständlich wird; die beiden Gefangenen Orest und sein Freund gehen und kommen, als ob es keine Wachen gäbe, was wiederum Schiller, als er das Stück für die Bühne bearbeiten sollte, beunruhigte. Iphigenie ist so sehr die Hauptfigur, daß alle andern nur als ihre Zubringer erscheinen. Sie hat im Grunde keinen Gegenspieler. Wenn jemand Einwände macht, so macht er sie gewissermaßen in ihrem Namen, er spricht nur aus, was sie insgeheim erwägt. Das Stück ist kein Drama, sondern eine Hymne, ein Gebet um Reinheit, Menschlichkeit, Verstehen und Verzeihung." (Richard Friedenthal, *Goethe. Sein Leben und seine Zeit*, München: Piper, 1963, S. 245)

Führende Literaturwissenschaftler sind indessen längst hellhöriger geworden für die Zwischentöne des Zwiespältigen und Resignativen, die in Goethes Schauspiel eben nicht nur in ‚überwundener' Form ihr Wesen treiben. Schon 1948 schreibt Benno von Wiese in dem Goethes „Iphigenie" gewidmeten Abschnitt seines Werks zur deutschen Tragödie:

> „Man hat ‚Iphigenie' immer wieder als ein deutsch-griechisches Drama der ‚Humanität' verherrlicht, in dem der Gedanke eines sittlichen und schönen Menschentums das Bündnis mit dem antiken Gestaltbegriff eingegangen sei. Aber im Grund geht diese populär gewordene Auslegung am Wesentlichen vorbei. […] Versenkt man sich näher in Goethes ‚Iphigenie', so zeigt sich: der Mensch ist durch eine ihm entgegentretende, andersartige Wirklichkeit aufs schwerste bedroht. Wohl scheint Iphigenie im Göttlichen geborgen, aber das Dämonische ist keineswegs ausgelöscht, sondern bleibt der tragische Schatten, der auch noch auf die späten Nachkom-

men des Tantalus fällt, nicht nur auf Orest, sondern auch auf Iphigenie, in der eine verhaltene Leidenschaft und ein düsterer Stolz unterirdisch weiterglimmen, und von deren heiliger Lippe das wilde Lied der Parzen zu tönen vermag: auch die Priesterin noch Tantalidentochter, auch die Gott Anheimgegebene noch ausgeliefert an die düsteren Todesmächte, denen sie die Wahrheit des Lichts erst abringen muß. Das stille Leuchten der Goetheschen Verse, bei denen der Gehalt ganz von der Form durchdrungen und geadelt ist, täuscht allzu leicht darüber hinweg, daß die zerstörerischen Mächte hier nur gebannt, nicht aber geleugnet sind, so wie die Furien des Orest den frommen, der Göttin geweihten Hain nicht betreten dürfen, ihn aber doch im Verborgenen umlauern und umgeistern." (Benno von Wiese, *Die deutsche Tragödie von Lessing bis Hebbel*, Hamburg: Hoffmann und Campe, 1948, S. 103 f.)

Unter weiteren Studien zu „Iphigenie auf Tauris" ist besonders Wolfdietrich Raschs Darstellung zu erwähnen. Rasch warnt vor der Auffassung, „als sei geradezu alles Übel in der Welt durch reine ‚Menschlichkeit' zu beseitigen", und führt die übliche harmonistische Ausdeutung des Schlusses auf den Kern der von Goethe gemeinten, von Gegengewichten der Skepsis umstellten Wirkmöglichkeit des Humanen zurück:

„Der Schluß ist von einer für den guten Ausgang eines Schauspiels ungewöhnlichen Herbheit. Wer das verkennt, der verkennt sowohl die Intention wie den Rang des Dichters Goethe, dem zwar ‚die Vermeidung der Tragödie' seiner Natur und Denkweise nach gemäß war, der aber auch eine billige Lösung vermied. Auch die letzte Phase des Abschieds bestätigt das. Iphigenie erträgt es nicht, daß Thoas sie ‚ohne Segen, in Widerwillen' scheiden läßt, was sie genau spürt, und bietet Gastfreundschaft für jeden skythischen Besucher in Mykene an, beschreibt in Schönschrift die liebevolle Behandlung dieser Gäste. Doch auch das bleibt vergeblich, wie ins Leere gesprochen. Thoas dankt ihr nicht für die Einladung, nimmt sie nicht an, scheint völlig uninteressiert daran; es ergibt sich keineswegs eine Vereinbarung friedlicher Verbindung zwischen Griechen und Skythen. Etwas wie eine Völkerversöhnung kann man keinesfalls in diesem einseitigen Angebot sehen, Thoas bleibt kühl, das ‚Lebt wohl', das er sich schließlich abringt, ist kaum mehr als eine höfliche Antwort auf Iphigenies ‚Leb wohl'. Ob er ihr die Hand reicht, wird nicht vermerkt, es mag sein, daß das in Goethes Absicht lag, aber denkbar wäre auch, daß Iphigenies ausgestreckte Hand wieder ins Leere greift.

Will man überhaupt in dem Schluß eine über das Drama hinausreichende Hoffnung mitklingen hören, die aus seinem Verlauf herzuleiten wäre, so könnte sie nur an die zuletzt sich ergebende Erkenntnis anknüpfen, daß die Götter den gewaltsamen Raub des Kultbildes von Orest nicht fordern, so wie es die Olympier des Mythos durchaus getan hatten. In einer Welt, in der die Gottheit von den Menschen nichts Unrechtes mehr verlangt, im Namen Gottes also nichts Böses getan werden darf, – in einer solchen Welt wäre die Zahl der Übel verringert, und die Menschen würden sich etwas leichter verständigen, vielleicht auch über die Grenzen der Staaten hinweg, so wie Thoas und Orest sich halbwegs versöhnen können, wenn der früher vom Gott verlangte Raub des Götterbildes unnötig ist.

Daß damit aber etwa die Konflikte überhaupt ausgeglichen, das Böse in der Menschenwelt vertilgt und ewiger Friede gestiftet wäre, eine solche utopische Vorstellung, die ganz ungoethisch ist, läßt sich niemals aus dem Drama herleiten. Auch jene viel bescheidenere Hoffnung auf eine Verminderung der lebensfeindlichen Mächte wird nicht ausgesprochen oder angedeutet, sondern es könnte sie, wer das will, höchstens der Dichtung abgewinnen. Was sie zeigt, ist nur dies, daß Humanität sich unter der furchterregenden Herrschaft machtbesessener und willkürlich handelnder Götter nicht verwirklichen läßt. Daß Iphigenies Glaube, daß jeder ‚die Stimme der Wahrheit und der Menschlichkeit' höre, in einer von solchen Göttern beherrschten Welt nicht gilt, beweist schon Thoas' vorweggenommener Hinweis, daß ‚Atreus der Grieche' diese Stimme nicht vernahm (V. 1938 f.), so wenig wie die anderen, in unmenschlich grauenhafte Verbrechen verstrickten Atriden, so wenig auch wie Agamemnon. Auch Orest vernahm sie nicht, als er seine ‚doch verehrte' Mutter erschlug, oder wenn er jene Stimme vernahm, konnte er ihr nicht folgen, sondern mußte unter dem Zwang des göttlichen Befehls zum Mörder werden. Auch Pylades hört jene Stimme nicht und verwendet alle Aktivität, Kühnheit und List darauf, ‚den heiligen Schatz dem rauh unwürdgen Volk' zu entwenden, wie es Apoll dem Freunde aufgetragen hat. Aber auch Iphigenie selbst, obwohl leidenschaftlich um Reinheit bemüht, wird genötigt, sich zunächst mit Lüge und Betrug am Raub des Kultbildes zu beteiligen, um dem Bruder die Erfüllung der göttlichen Sühneforderung zu ermöglichen. Um ihre Pflicht gegen den Bruder zu erfüllen, muß sie ihre menschliche Pflicht gegen Thoas, die ihr, anders als dem Pylades, allerdings sehr wohl bewußt ist (V. 1640 ff.), verletzen. Erst wenn die Götter den Raub des Kultbildes nicht mehr verlangen, kann die ‚Stimme der Wahrheit und der Mensch-

87

lichkeit' zur Geltung kommen. Erst wenn die Menschen nicht mehr abhängen von ungerechten und willkürlich ihre Macht brauchenden Göttern, wird Humanität möglich. Ihre Verwirklichung ist auch dann nicht gesichert, dergleichen sagt das Drama nicht, aber sie wird möglich. ‚Iphigenie' repräsentiert den gegen das Verhalten der Götter im Mythos und im Kult sich durchsetzenden Glauben an den absolut guten, kein Unrecht, keine Gewalttätigkeit vom Menschen verlangenden Gott, der in der Vorstellung Goethes und der gesamten europäischen Aufklärung lebendig ist. Zu dieser Vorstellung gehört die Überzeugung, daß dieser Gott nicht unterwürfige Knechte, sondern den freien autonomen Menschen will und ihn begünstigt. Nur insofern, als Goethe zeigt, daß erst der autonome Mensch Humanität verwirklichen kann, ist ‚Iphigenie auf Tauris' als Drama der Autonomie auch ein Drama der Humanität." (Wolfdietrich Rasch, *Goethes „Iphigenie auf Tauris" als Drama der Autonomie*, München: C. H. Beck, 1979, S. 168 ff.)

Ein letzter Textausschnitt mag hier für eine ganz andere Art der Annäherung an Goethes Werk stehen, für die Deutung aus psychoanalytischer Sicht. Es ist ein Gemeinplatz der „Iphigenie"-Interpreten, in der humanisierenden Priesterin ein überhöhendes Abbild der Charlotte von Stein zu sehen, die als Weimarer Hofdame in Goethes Leben eine kaum zu überschätzende, aber auch schwer abzuschätzende Rolle als ideale (kaum reale) Geliebte, Vertraute und ‚Erzieherin' spielte. Auch die schöne, Goethe nahe stehende, ihn aber auch auf Distanz haltende Schauspielerin und Sängerin Corona Schröter gehört in den Umkreis der Figuren. Der österreichisch-amerikanische Psychoanalytiker K. R. Eissler hat aber in einer Arbeit von akribischer Genauigkeit gezeigt, dass in die Gestalt der Iphigenie in wohl noch höherem Maß Züge von Goethes Schwester Cornelia eingegangen sind, die, ihrem Bruder in einer tiefen, potenziell inzestuösen Neigung verbunden, nach der Heirat mit einem ungeliebten Mann (dem Hofrat J. G. Schlosser im badischen Emmendingen) schon nach vier Jahren 1777 starb:

„Schon der Umriß des Stückes zeigt deutlich, daß es voll von Themen ist, die eine überaus bedeutende Rolle in Goethes Leben spielten und mit denen er lange Zeit zu kämpfen hatte. Das Verhältnis zwischen Bruder und Schwester ist eindeutig die Hauptangelegenheit des ganzen Stückes […].
In Iphigenie ist ein asexueller Frauentyp personifiziert, der die Ambivalenz meistern kann, welche Zwietracht zwischen

den Geschlechtern sät, oder ein Typ, der sogar ganz frei von dieser Ambivalenz ist […]. Sie weist Thoas mit Argumenten zurück, die nicht recht überzeugend sind. Sie spricht nie von der Sehnsucht nach einem Mann und Kindern. Ihre einzige Sorge ist ihre Sippe und die Erfüllung der moralischen Prinzipien, die für sie kein abstraktes Theorem sind, sondern etwas Lebendiges, das ohne Abstraktion aus den unmittelbaren Gefühlsreaktionen erwächst. […]

Wenngleich Goethes Stück bedeutende Prozesse des breiten Stromes seiner Beziehung zu Frau von Stein widerspiegelt, und obgleich viele Faktoren, die wahrscheinlich die Niederschrift des Stückes herbeigeführt haben, in ihre Richtung deuten, glaube ich doch, daß, insofern Abkömmlinge des verdrängten Unbewußten einflossen, Cornelia die Hauptperson und das Zentrum der Tragödie ist. […] Iphigenies Umgang mit Thoas ist ein Nebenprodukt des Hauptgegenstandes – der Bruder-Schwester-Beziehung. Dennoch verdient es unsere Aufmerksamkeit. Thoas ist eine ausgesprochene Vaterfigur. […]

Rettung des Bruders oder Unterwerfung unter einen ungeliebten Mann war ein ständig wiederkehrendes Thema in Goethes Leben. Cornelia beschrieb den Ort, an dem sie leben mußte, nachdem sie ihrem Manne gefolgt war, als eine Art Wildnis. Iphigenie, die sich danach sehnt, ihr geliebtes Griechenland wiederzusehen, ist Cornelia, die fern ihrer Heimatstadt leben muß und ihr bitteres Schicksal beklagt. Als Goethe seine Schwester zum letzten Mal vor ihrem Tode sah, war er da nicht auf einer Art Pilgerreise zu ihr, um sich von der zum Wahnsinn reizenden Leidenschaft für Lili zu befreien? Wir wissen, daß es Cornelia nicht gelang, seine Ruhelosigkeit zu lindern, und als er nach Frankfurt zurückkehrte, war der Konflikt so intensiv wie zuvor. Kurz nach seiner Rückkehr schrieb er: ‚Vielleicht peitscht mich bald die unsichtbare Geisel der Eumeniden wieder aus meinem Vaterland', und das war eine direkte Anspielung auf das Orest-Thema.

In Goethes Tragödie aber vollendet die Schwester das, was Cornelia zu tun nicht in der Lage war. Orest wird geheilt, und die Furien hören auf, ihn zu verfolgen; er wird durch Iphigenies Berührung geheilt. Umgekehrt gelingt es Orest, Iphigenie aus einem barbarischen Joch zu befreien, während Cornelia fern der Heimat dem Elend erlag. Goethe jedoch, der auch als ein Fremder ankam (in Weimar), fand eine Frau, der es gelang, seine Ruhelosigkeit zu besänftigen. […]

So also ist Iphigenie eine grandiose Wunscherfüllung, eine eindrucksvolle Rationalisierung, die Wiedergeburt einer erhabenen Schwester, die in Wirklichkeit auf elende Art gestorben und von ihrem vom Glück begünstigten Bruder verlassen worden war, dem es endlich zu gelingen schien, die Erinnyen zu beruhigen, indem er seine Schuld anerkannte, während er gleichzeitig ihre widerstreitenden Ansprüche durch die Konstruktion eines Reinigungsrituals besänftigte." (Kurt R. Eissler, *Goethe. Eine psychoanalytische Studie 1775–1786*, Bd. 1, München: Deutscher Taschenbuch Verlag, 1987, S. 368–391)

[In den Texten dieses Kapitels sind Verweise auf Anmerkungen jeweils ohne Auslassungszeichen getilgt.]

Literaturhinweise

Die folgenden Hinweise nennen einige Ausgaben, die für die Unterrichtsarbeit in Frage kommen, und Materialien, die bei der Erschließung des Schauspiels, seiner stofflichen Hintergründe und der Biographie seines Autors hilfreich sind, sowie eine knappe Auswahl grundlegender Forschungsarbeiten.
Da einige der verfügbaren Textausgaben ausführliche Anmerkungen enthalten, wurde im Rahmen dieser Lektürehilfe auf die Kommentierung schwieriger Textstellen verzichtet.
Vielfältige Informationen mit Text- und Bilddokumenten sind auch im Internet unter zahlreichen Adressen verfügbar.

Ausgaben und Materialien

Taschenbuch-Ausgaben

Johann Wolfgang Goethe: Iphigenie auf Tauris. Ein Schauspiel. Durchgesehene Aufl. Stuttgart: Reclam, 2001. (Reclams Universal-Bibliothek 83.)
Johann Wolfgang von Goethe: Iphigenie auf Tauris. Ein Schauspiel. Mit Materialien, ausgewählt und eingeleitet von Bernhard Nagl. Stuttgart: Klett, 2005. (Editionen für den Literaturunterricht.)

Tonaufnahmen/Hörbücher

Johann Wolfgang von Goethe: Iphigenie auf Tauris. Ein Schauspiel. 2 CDs. Mit Maria Wimmer, Hermann Schomberg, Rolf Henniger u. a. Regie: Gustav Rudolf Sellner, 1956. Ed. Mnemosyne, 2002.
Johann Wolfgang von Goethe: Iphigenie auf Tauris. Ein Schauspiel. 2 CDs. Mit Maria Becker, Ewald Balser, Will Quadflieg, Heinz Moog, Rolf Henniger. Regie: Leopold Lindtberg, 1957. Deutsche Grammophon Literatur, 1997.

Materialien

Baechtold, Jakob: Goethes „Iphigenie auf Tauris" in vierfacher Gestalt. Freiburg: Akademische Verlagsbuchhandlung von J. C. B. Mohr, [2]1888. [Gibt in synoptischem Abdruck die vier Textfassungen von Goethes Schauspiel wieder und bietet daher eine anschauliche Grundlage für den Vergleich der Texte.]
Fink, Gerhard: Who's who in der antiken Mythologie. Neuausg. München: Deutscher Taschenbuch Verlag, 1997. [Sonderformat, mit z. T. farbigen Abbildungen.]
Grant, Michael / Hazel, John: Lexikon der antiken Mythen und Gestalten. München: Deutscher Taschenbuch Verlag, [17]2003. [Alphabetischer Überblick über die Gestaltenfülle der griechischen Sagenwelt mit zahlreichen Illustrationen.]

Jeßing, Benedikt: Erläuterungen und Dokumente: Johann Wolfgang Goethe, Iphigenie auf Tauris. Stuttgart: Reclam, 2002. (Reclams Universal-Bibliothek 16025.) [Enthält erläuternde Anmerkungen zum Text.]

Leis, Mario: Lektüreschlüssel: Johann Wolfgang Goethe, Iphigenie auf Tauris. Stuttgart: Reclam, 2005. (Reclams Universal-Bibliothek 15350.)

Sekundärliteratur

Zu Goethes Biographie

Eissler, Kurt R.: Goethe. Eine psychoanalytische Studie 1775–1786. 2 Bde. München: Deutscher Taschenbuch Verlag, 1987. [Die außerordentlich material- und kenntnisreiche, Goethes psychische Situation in den ersten zehn Weimarer Jahren völlig neu deutende Studie erschien in den USA bereits 1963.]

Friedenthal, Richard: Goethe. Sein Leben und seine Zeit. München: Piper, 1963. [Gut lesbare, ebenso einfühlsam wie anschaulich und teils witzig geschriebene Lebensdarstellung.]

Michel, Christoph (Hrsg.): Goethe. Sein Leben in Bildern und Texten. Mit einem Vorwort von Adolf Muschg. Frankfurt a. M.: Insel, 1987 [u. ö.]. (insel taschenbuch 1000.) [Anregende Montage von Bildzeugnissen und Textdokumenten, meist aus Goethes Briefen.]

Zu „Iphigenie auf Tauris"

Adorno, Theodor W.: Zum Klassizismus in Goethes „Iphigenie". In: Die Neue Rundschau 78 (1967) S. 586–599. Auch in: Th. W. A.: Noten zur Literatur IV. Frankfurt a. M.: Suhrkamp, 1974. S. 7–33.

Borchmeyer, Dieter: Iphigenie auf Tauris. In: Walter Hinderer (Hrsg.): Interpretationen: Goethes Dramen. Reclam: Stuttgart 1992 [u. ö.]. (Reclams Universal-Bibliothek 8417.) S. 117–157.

Borchmeyer, Dieter: Iphigenien. Goethe und die Tradition eines Myhos. In: Goethe-Jahrbuch Bd. 126, Götingen: Wallstein 2010. S. 40–51.

Brinckschulte, Eva: Erläuterungen zu J. W. v. Goethe, Iphigenie auf Tauris. Hollfeld: Bange, 1984, ²1986.

Gülke, Peter: Verschwiegene Humanität: Mozarts „Entführung" und Goethes „Iphigenie". In: Goethe-Jahrbuch 118. Weimar: Böhlau, 2001. S. 171–175.

Hackert, Fritz: „Iphigenie auf Tauris". In: Goethes Dramen. Neue Interpretationen. Hrsg. von Walter Hinderer. Stuttgart: Reclam, 1980. (Reclams Universal-Bibliothek 8417.) S. 144–168.

Hermes, Eberhard: Interpretationshilfen Ideal und Wirklichkeit. Lessing, Nathan der Weise / Goethe, Iphigenie auf Tauris / Brecht, Der gute Mensch von Sezuan. Stuttgart: Klett, 1999. (Interpretationshilfen.)

Holst, Günther: Goethe, Iphigenie auf Tauris. Frankfurt a. M.: Diesterweg, 1976, ⁹1998. (Grundlagen und Gedanken zum Verständnis des Dramas.)

Jauß, Hans Robert: Racines und Goethes Iphigenie. Mit einem Nachwort über die Partialität der rezeptionsästhetischen Methode. In: Neue Hefte für Philosophie 4 (1973) S. 1–46. Auch in: Rezeptionsästhetik. Theorie und Praxis. Hrsg. von Rainer Warning. München: Fink, 1975. S. 353–400.

Port, Ulrich: Goethe und die Eumeniden. Vom Umgang mit mythologischen Fremdkörpern. In: Jahrbuch der Deutschen Schillergesellschaft 49. Göttingen: Wallstein, 2005. S. 153–198.

Rasch, Wolfdietrich: Goethes „Iphigenie auf Tauris" als Drama der Autonomie. München: C. H. Beck, 1979.

Schulte-Sasse, Jochen: Goethes „Iphigenie auf Tauris". In: Hansers Sozialgeschichte der deutschen Literatur vom 16. Jahrhundert bis zur Gegenwart. Hrsg. von R. Grimminger. Bd. 3,2. München: Deutscher Taschenbuch Verlag, 1980. S. 494–499.

Seidlin, Oskar: Goethes Iphigenie – „verteufelt human"? In: Wirkendes Wort 5 (1954/55) S. 272–280.

Wiese, Benno von: Die deutsche Tragödie von Lessing bis Hebbel. Hamburg: Hoffmann und Campe, 1948. S. 103–108.

Ziegler, Klaus: Zur Raum- und Bühnengestaltung des klassischen Dramentypus. In: Wirkendes Wort 4 (1953/54). 2. Sonderheft. S. 45–54.

Prüfungsaufgaben und Lösungen

Die Beispiele beziehen sich auf folgende Themen und Textauszüge:

1. Die Macht des Vergangenen (I,3)
2. Das Bild der Götter (Iphigenies Gebet und das Parzenlied) (I,4 und IV,5)
3. Orest, der Fluch und die Eumeniden (III,3)
4. Der dramatische Dialog: Typus und Variationen (IV,2)
5. Iphigenies Gegenspieler (Pylades) (IV,4)
6. Der Mensch im Widerstreit (Thoas) (V,2)
7. Weibliches Selbstbewusstsein (Iphigenies Monolog) (V,3)
8. Was in „Iphigenie" fehlt (Schillers Kritik) (V. Aufzug)

Die Beispiele sind wie folgt aufgebaut:

Thema / Problem
Zentrale Textstelle / Weitere Textstellen
Fragestellung
Mögliche Lösung (auf die zentrale Textstelle bezogen)
Integration in ein Gesamtverständnis (mit weiteren Textstellen)

Folgende Überlegungen haben zu dieser Anordnung geführt:

- Literarische Interpretation übersteigt notwendig die jeweils exemplarisch gewählte Textstelle, muss die an dieser gefundene Lösung an einem Gesamtverständnis des Werks überprüfen und sie in dieses einordnen.
- In didaktischer Sicht ist der Wechsel zwischen Einzelbefund und Gesamtverständnis ebenfalls sinnvoll, um „punktuellem Lernen" vorzubeugen.
- „Iphigenie auf Tauris" ist ein besonders kunstvoll strukturierter Dramentext, dem ein dichtes Netz von Bezügen und Querverweisen eingearbeitet ist. Daher ist der Blick auf weitere für das jeweilige Thema aussagekräftige Textstellen gerade hier immer aufschlussreich. Weil in diesem Werk nahezu alles mit allem verbunden ist, kommen auch inhaltliche Berührungen zwischen den Aufgaben häufig vor.

1 Die Macht des Vergangenen

Textstellen:

Zentrale Textstelle: I,3
Weitere Textstelle: III,1

Fragestellung:

In diesem Auftritt werden Geschehnisse der Vergangenheit mitgeteilt.
- Was für Geschehnisse sind das, welche Bedeutung haben sie für die Figuren des Schauspiels und für das dramatische Spannungsgefüge des Auftritts?
- Welche Rolle spielt die Macht des Vergangenen im gesamten Schauspiel?

Mögliche Lösung (auf I,3 bezogen):

Die vergangenen Geschehnisse, die im Auftritt I,3 mitgeteilt werden, betreffen die Herkunft Iphigenies aus dem Geschlecht der Tantaliden. Die Geschichte dieses Geschlechts ist durch fortgesetzte Gräueltaten geprägt. Iphigenie berichtet nacheinander von

- dem Urvater Tantalus, der aufgrund seines Übermuts von den Göttern verstoßen und mit einem auf seine gesamte Nachkommenschaft fortwirkenden Fluch belegt wurde,
- seinem Sohn Pelops, der seine Gattin Hippodamie durch Verrat und Mord errang,
- dessen Söhnen Atreus und Thyestes, die weitere grausige Untaten begingen (Thyestes betrog Atreus mit dessen Gattin Aerope; Atreus setzte Thyestes dessen eigene drei Söhne zur Speise vor).

Zuletzt spricht Iphigenie von ihrem Vater Agamemnon, dem ältesten Sohn des Atreus, ihrer Mutter Klytämnestra und ihrem Bruder Orest. Da sie in Aulis – so der letzte Teil ihres Berichts gegenüber König Thoas – der erzürnten Göttin Diana geopfert werden sollte, um günstigen Wind für die griechische Kriegsflotte zu bewirken, die Göttin sie aber stattdessen in einer rettenden Wolke auf Tauris entrückte, kennt Iphigenie die späteren Schandtaten, die in ihrer Familie aufgrund des Fluch vorfielen, an dieser Stelle noch nicht.

Für die Interpretation des Auftritts ist bedeutsam, weshalb es zu Iphigenies Gespräch mit dem König und zu ihrem Bericht über die Schandtaten der Vergangenheit kommt. Der König kehrt nämlich von einem Feldzug heim. Er hat die Feinde geschlagen, die seinen Sohn zuvor getötet hatten. Nun ist er zwar siegreich, aber ohne Thronerben und erneuert dringlich seinen „alten Wunsch" (V. 246), Iphigenie möge seine Hand annehmen.

Hierauf reagiert Iphigenie zunächst ausweichend, indem sie sich als „Unbekannte" und „Flüchtige" (V. 251 f.) und damit als eine Person darstellt, die einer solchen Verbindung unwürdig ist. Erst als der König insistiert, reagiert sie klar ablehnend. Sie bricht nun das bisher streng bewahrte Geheimnis ihrer Abkunft und stellt dem König eindringlich die fluchbeladene Vergangenheit ihres Geschlechts dar – um ihn von ihrer Person abzuschrecken. Goethe löst damit äußerst geschickt ein Grundproblem des Dramas: In den ersten Auftritten, der **Exposition**, muss der Zuschauer ja mit Vorgeschichte und Voraussetzungen der sich anbahnenden Handlung bekannt gemacht, es muss also **erzählt** werden; zugleich muss das aber auf eine solche Weise geschehen, dass die Erzählung nicht als Fremdkörper aus der Handlung herausfällt, sondern als Handlungselement ins dramatische Kräftespiel hereingeholt wird. In I,3 erfährt der Zuschauer sozusagen beiläufig, was sich in der Vergangenheit abgespielt hat; seine Spannung richtet sich aber darauf, wie Iphigenie dies als Waffe gegen die Heiratsabsicht des Königs verwendet. Die mitgeteilten vergangenen Freveltaten erscheinen damit als schwere Belastung Iphigenies, aber auch als ein von ihr taktisch eingesetztes Mittel, sich dem König zu verweigern.

Die dramatische Spannung steigert sich dadurch, dass der König, dem das Geschlecht der Tantaliden durchaus ein Begriff ist, sich zwar durch die vergangenen Gräueltaten erschüttern lässt, von seinem Begehren aber nicht ablässt. So steigert sich der Konflikt bis hin zu erregter Rede und Gegenrede (**Stichomythie**, V. 493–498), in der jede der beiden Figuren thesenartig verkürzt das Argument des anderen zu entkräften sucht. Der Auftritt löst den Konflikt nicht, sondern verschärft ihn am Ende: Der König nimmt Iphigenies Berufung auf die Götter, denen sie geweiht sei und die ihr die Ehe mit Thoas verwehrten, als Vorwand; er besteht jetzt darauf, Iphigenie solle – der Tradition des barbarischen Tauris entsprechend – die beiden gerade an Land gekommenen Fremden der Göttin opfern.

Integration in ein Gesamtverständnis:

Nicht nur hier, sondern auch in der Folge werden Gräueltaten der Vergangenheit berichtet, die die unheilvolle Verkettung bis zur Generation Iphigenies fortführen: In II,2 erzählt Pylades der erschütterten Iphigenie vom Fall Trojas, dem ehebrecherischen Verhältnis Klytämnestras mit Ägisth und dem Mord an ihrem Vater Agamemnon. In Auftritt III,1 gibt sich der verstörte Orest der Schwester zu erkennen und berichtet von seinem Muttermord.

Die Macht der fluchbeladenen Vergangenheit erscheint damit auch für Iphigenie unüberwindlich. Ihr selbst, die doch auf Tauris humanisierend gewirkt hat, scheint es nun tragisch ausweglos vorgezeichnet, entweder durch den von Thoas verlangten Vollzug des Menschenopfers (also den Brudermord) oder durch das von Pylades bereits betriebene Hintergehen des Königs ihrerseits schuldig zu werden.

Erst durch den Entschluss zur unbedingten Wahrhaftigkeit und die unter dem Eindruck dieser „unerhörten Tat" (V. 1892) antwortende Großmut des Königs, also eigentlich durch eine mit der Kette der Frevel konkurrierende Kettenreaktion des Guten kommt es im letzten Aufzug zur Befreiung vom Fluch und zu einem versöhnlichen Ende. Die im Schauspiel wirksame Macht des Vergangenen wird damit zuletzt gebrochen.

2 Das Bild der Götter
(Iphigenies Gebet und das Parzenlied)

Textstellen:

Zentrale Textstellen: I,4 und IV,5
Weitere Textstellen: I,3,493 f.; II,1,740 f.; IV,2,1462 f.; V,3,1808 f.

Fragestellung:

In den Auftritten I,4 und IV,5 entwirft Iphigenie jeweils ein Bild der Götter.
– Welche inhaltlichen und sprachlichen Gemeinsamkeiten und Unterschiede zeigt der Vergleich?
– Welche Rolle erhalten die Götter im gesamten Schauspiel zugewiesen?

Mögliche Lösung (auf I,4 und IV,5 bezogen):

Die beiden Auftritte sind mehrfach miteinander verbunden. Sie zeigen Iphigenie in bedrängter Lage (I,4) und in äußerster Zuspitzung dieser Bedrängnis (IV,5). Sie äußert sich jeweils ohne Gegenüber, also in der Sprachform des **Monologs**. Schließlich weicht die metrische Form, in der sie ihr Bild der Götter jeweils ausdrückt, von dem im Schauspiel grundlegenden Blankvers (fünfhebigen Jambus) ab. Dies gilt für I,4 insgesamt. Dagegen ist Auftritt IV,5 dreigeteilt: Er beginnt in Blankversen und endet mit dem metrisch auffällig abweichenden Parzenlied; als Übergangspassage verbinden die Verse 1718–1725, die noch den Blankvers aufweisen und inhaltlich das Lied ankündigen,

Beginn und Ende des Auftritts, sind aber vom Beginn durch einen typographischen Raum abgetrennt.

Der gesamte Auftritt I,4 hat die Sprachform des **Gebets**. Kennzeichnend dafür ist die rhetorische Figur der **Apostrophe** (Anrede), mit der Iphigenie die Göttin Diana gleich zu Beginn direkt anruft. Das zeigt, dass Iphigenie sich in ihrer bedrängten Lage – sie soll ja das Menschenopfer an den beiden Fremden vollziehen – hoffnungs- und vertrauensvoll an die Göttin wendet und um deren Hilfe bittet, da diese sie schon in Aulis in eine Wolke gehüllt und nach Tauris gebracht, sie also vor der Opferung gerettet hat. Iphigenies Bittgebet steigert sich von der vertrauensvollen Aussage „Du hast Wolken, gnädige Retterin" (V. 538) bis zur inbrünstigen Bitte „O enthalte vom Blut meine Hände!" (V. 549), die sich als emotionaler Höhepunkt genau in der Mitte der 23 Verse dieses Auftritts befindet. Danach kehrt Iphigenie zu Aussagen des Vertrauens in eine dem Menschen wohlgesinnte Götterwelt zurück: „Denn die Unsterblichen lieben der Menschen / Weit verbreitete gute Geschlechter" (V. 554 f.). Insgesamt ist also die aufbrechende Ratlosigkeit Iphigenies eingebettet in ihr ungebrochenes Vertrauen zu einer göttlichen Ordnung; dies bewahrt sie vor unkontrollierter Verzweiflung, was sich auch in der symmetrischen Anlage ihres Monologs formal spiegelt. Immerhin erhält der Auftritt besondere Ausdruckskraft dadurch, dass hier der ruhig fließende Blankvers des Schauspiels aufgegeben ist zugunsten eines vierhebigen Verses, der aus Trochäen (x́ x) und Daktylen (x́ x x) gemischt ist; schon die größere Kürze und der gehäufte Zeilenbeginn mit einer Hebung geben emotionales Gewicht.

Auftritt IV,5 ist schon dadurch als Vergleichs- und Gegenstück auf I,4 bezogen, dass er im Schauspiel an symmetrisch entsprechender Stelle steht: Er markiert die Grenze zum letzten Aufzug, wie Auftritt I,4 am Ende des ersten Aufzugs steht. Iphigenies Lage hat sich in mehrfacher Hinsicht fast hoffnungslos zugespitzt: Sie hat inzwischen einen der zu opfernden Fremden als ihren Bruder erkannt, sie kennt jetzt die Fortsetzung der fluchbedingten Gräueltaten bis in ihre eigene Generation und sie steht vor der ausweglos erscheinenden Wahl zwischen Brudermord und Verrat an König Thoas, den sie doch selbst zu humanen Handlungsweisen geführt hat. An den Vorbereitungen für diesen Verrat hat sie auf das Drängen des Pylades mitgewirkt, wenn auch zögernd und ohne endgültige Entscheidung – weil sie sich damit in die Reihe der Frevelnden einfügen würde.

Die ausweglos erscheinende Situation reflektiert Iphigenie zu Beginn des Auftritts IV,5. Der erste Teil ihres Monologs zeigt die widerstreitenden Kräfte in ihrem Innern auf und führt sie zu der Furcht, dass sie ihr bisher positives Bild der Götter nicht bewahren könnte und wie ihr fluchbeladenes Geschlecht dem „Widerwillen" gegen die Götter verfallen müsste. Dagegen wehrt sie sich noch am Schluss dieses Teils mit der eindringlichen Bitte: „Rettet mich / Und rettet euer Bild in meiner Seele!" (V. 1716 f.).

Dann kommt ihr das alte, von ihrer Amme gesungene Lied in den Sinn, das die Parzen (Schicksalsgöttinnen) zur Zeit des Sturzes von Tantalus und damit des Fluchs der Götter über ihn und seine Nachkommen gesungen haben sollen. Darin zeigt sich eine deutliche Distanzierung: Iphigenie spricht nicht selbst, sie **zitiert**, und zwar aus einer vergangenen, von ihr selbst eigentlich überwundenen Welt. Für diese Distanz ist die (auch gegenüber den Versen von I,4) nun ganz auffällige **metrische Herausgehobenheit** des Lieds ein Zeichen: Die Einteilung in Strophen, die Verkürzung auf zweihebige Verse und die gehäufte Verwendung intensiver Klangmittel (**Alliterationen**; z. B. bedrohlich klingende Zischlaute bei den Bildern des Sturzes in der 3. Strophe) geben dem Lied eine ausdrucksvolle, aber auch ausgesprochen archaische Klangform. Inhaltlich wird in äußerster Verkehrung des vertrauensvollen Götterbilds von I,4 eine schroff zweigeteilte Welt beschrieben – hier die Götter, unnahbar und willkürlich in ihren Höhen residierend; dort in der Tiefe, rechtlos und mit allen Nachkommen verbannt, der Mensch.

Integration in ein Gesamtverständnis:

In beiden Bildern des Göttlichen wird nicht das Götterbild **des Werks** entworfen, sondern es sind zwei konkurrierende, stark unterschiedliche, von der jeweiligen Situation bestimmte Bilder, **die sich der Mensch macht**. Die glückliche Lösung des Schauspiels wird gerade nicht durch göttliches Eingreifen erreicht, sondern als eine Leistung des Menschen (Iphigenies Entschluss zur unbedingten Wahrhaftigkeit).

„Iphigenie auf Tauris" zielt so letzten Endes nicht auf den Glauben an Götter, sondern auf Humanität. Die letzte Pointe, wonach das Göttliche im Menschen und nur im Menschen wirksam ist, klingt an vielen Stellen des Schauspiels (s. o.) noch deutlicher an als in den Auftritten I,4 und IV,5.

3 Orest, der Fluch und die Eumeniden

Textstellen:

Zentrale Textstelle: III,3
Weitere Textstellen: II,1; III,2; IV,4

Fragestellung:

Nach Orests Worten „löset sich der Fluch" in diesem Auftritt.
– Wie kommt es zu dieser Wendung, und wie ist sie aus dem szenischen Zusammenhang zu verstehen?
– Welche Entwicklung macht die Figur Orest im Lauf des Schauspiels durch?

Mögliche Lösung (auf III,3 bezogen):

Orests Wahn: Zu Beginn des Auftritts ist Orest noch in seiner wahnhaften Unterweltsvision befangen. Er begrüßt Iphigenie und Pylades mit „Seid ihr auch schon herabgekommen?" (V. 1310), glaubt sich also im Schattenreich der Toten, fragt nach der zweiten Schwester Elektra, hält Iphigenie und Pylades gleichfalls für tot und fordert sie auf, den „Wirt", also den Unterweltsgott Pluto, zu „grüßen".

Iphigenies Anrufung der Götter: Iphigenie ruft nun in einer der vielen gebetsartigen Textpassagen des Schauspiels ihre Schutzgöttin Diana und deren Bruder, den Gott des Lichts Apollon, an. Sie beschwört das göttliche Geschwisterpaar, dem irdischen Geschwisterpaar – also ihr selbst und Orest – zu helfen und Orest aus der „Finsternis des Wahnsinns" zu retten und damit von der Wirkung des Fluchs zu erlösen. Ob ihr Gebet erhört wird, bleibt zunächst in der Schwebe; Goethe hat wohl nicht ohne Absicht zwischen ihre Bitte und die Reaktion Orests noch eine Intervention des Pylades eingeschoben, so dass Orests Ausdruck einer inneren Befreiung eben nicht als unmittelbare Wirkung des Gebets erscheint.

Pylades' Wendung an Orest: Sie entspricht der pragmatischen Denkweise der Figur. Pylades fordert Orest sozusagen zum „Experimentalbeweis" auf, er soll seinen und Iphigenies Arm anfassen und sich so überzeugen, dass Menschen von Fleisch und Blut und nicht Schatten aus dem Totenreich vor ihm stehen. Sein ganz triviales Rezept ist: „Raffe dich / Zusammen!" Und schließlich hat er es, wie fast immer im Schauspiel, eilig: „Jeder Augenblick ist teuer". Für den Zustand Orests zeigt er als Freund Mitgefühl, für seine tieferen Gründe und wirklichen Heilungsmöglichkeiten hat er kein Verständnis.

Orests „Heilung": Mit seiner folgenden Selbstaussprache, dem längsten Redeteil des Auftritts, wendet sich Orest nun gerade nicht an den zuletzt zu ihm sprechenden Pylades, sondern – wie es in einer der wenigen, also sicherlich bewusst gesetzten Regieanweisungen heißt – „zu Iphigenien". Seinen neuen, befreiten Zustand drückt er in einer (nun nicht mehr düsteren, sondern glanzvollen) Vision der fruchtbaren Natur auf der Erde aus, die mit Bildern durchsetzt ist, welche auf das Wirken des Sonnengotts Apollon anspielen. Dem schließt sich das Bild der zurückweichenden Eumeniden an – sie ziehen „Zum Tartarus und schlagen hinter sich / Die eh'rnen Tore fernabdonnernd zu." Der Auftritt zeigt also offenbar eine erste Wirkung der erlösenden Kraft Iphigenies – ob es aber das Wirken der Götter oder ihr schwesterlich tröstender Zuspruch war, bleibt in der Schwebe.

Das letzte Wort des Pylades: Den Auftritt beschließt Pylades, der als Sachwalter der praktischen Auswege sagt: „Es bedarf hier schnellen Rat und Schluss." Damit wird (viel tiefsinniger, als die scheinbar beiläufigen vier Verszeilen zunächst erscheinen) ein Gegengewicht zu der erreichten optimistischen Wendung gesetzt: So geht es gerade nicht! Zur wirklichen Heilung Orests und zur Rettung von Pylades selbst, Orest und Iphigenie muss vielmehr eine viel höhere als die Ebene des Zweckdenkens erreicht werden.

Integration in ein Gesamtverständnis:

Orests erstes Auftreten: In II,1 erscheint zuerst Orest auf der Bühne. Er ist sich bewusst, den „Weg des Todes" zu gehen, seine Bitte an Apollon, ihm das „Geleit der Rachegeister" abzunehmen, blieb ohne Erfolg. Sein Geist ist umflort vom Fluch, der über dem ganzen Geschlecht der Tantaliden lastet und den er durch den Muttermord fortgesetzt hat.

Die Unterweltsvision: Sie geht dem Auftritt III,3 unmittelbar voraus. In gespenstischer Eintracht sieht Orest die toten Ahnherren Atreus und Thyestes und ebenso seinen Vater Agamemnon und seine Mutter Klytämnestra versammelt, die ihn ungeachtet aller wechselseitigen Mordtaten in ihren Kreis aufnehmen. Dass hier nicht etwa die – an sich schon fragwürdige – Harmonie einer „Vergebung im Tod" gemeint sein kann, sondern dass auch noch in Orests Vision die Wurzel des Fluchs fortbesteht, zeigt sich daran, dass der Ahne Tantalus, der den Fluch gerade auf sich gezogen hat, fehlt.

Orests Heilung: Sie wird zu Beginn des Auftritts IV,4 frohgemut von Pylades berichtet. Misstrauen ist schon wegen des Berichtenden angebracht, wenn er betont: „[...] sein freies Herz / Ergab sich ganz der Freude, ganz der Lust, / Dich seine Retterin und mich zu retten" (V. 1541 ff.). In der Folge wirkt Orest denn auch ohne weitere Bedenken an dem – **falschen**, weil auf **Falschheit** bauenden – Rettungsplan des Pylades mit. Das heißt: Orest ist zwar von den psychischen Folgen des Muttermords befreit und in diesem Sinn „geheilt", aber er erreicht nicht wie Iphigenie in ihrer großen „unerhörten Tat" die Stufe der Humanität, sondern wird von ihr zu den Segnungen der Humanität gebracht – so wie das auf der anderen Seite für Thoas gilt.

4 Der dramatische Dialog: Typus und Variationen

Textstellen:

Zentrale Textstelle: IV,2
Weitere Textstellen: I,4; IV,5; III,1 und 2; V,6

Fragestellung:

– Welche Gestaltungsformen sind für den dramatischen Dialog in „Iphigenie auf Tauris" charakteristisch (am Beispiel des Auftritts IV,2)?
– Welche Abweichungen von dieser Form gibt es in dem Schauspiel, und welche Funktion haben sie?

Mögliche Lösung (auf IV,2 bezogen):

Duell als Grundfigur: Auf der Bühne stehen sich zwei Figuren (Iphigenie und Arkas) gegenüber und tragen ihren Konflikt aus. Es herrscht also eine äußerst übersichtliche, streng symmetrische, fast gleichgewichtig auf Position und Gegenposition verteilte Bauweise. Sie findet sich übrigens in 9 der 20 Auftritte des Schauspiels, und für die Konfrontation Iphigenie – Arkas findet sich ein „Vorläuferauftritt" (I,2), der den ausgetragenen Konflikt in einem früheren Stadium zeigt.

Sprachform: Es herrscht durchweg ein hohes Sprachniveau mit anspruchsvollem Satzbau, das von umgangssprachlichen Elementen völlig frei ist. Häufig wird die persönliche Aussage vermieden und die allgemein gültige gesetzt, etwa durch Arkas in V.1447: „Oft wird der Mächtige zum Schein gefragt." Durchweg wird der Blankvers (fünfhebiger Jambus) verwendet: Iphigenie und Arkas (wie alle Figuren des Schauspiels) sprechen dieselbe formal ritualisierte, aber auch locker fließende Sprache. Das ist die Basis für eine echte Auseinandersetzung: Die Figuren argumentieren zwar durchaus auch taktisch, verschweigen bestimmte Beweggründe – aber sie „reden nicht aneinander vorbei", wie das oft im neueren Drama vorkommt. Die Basis für eine Verständigung ist also, auch wo diese nicht zustande kommt, vorhanden.

Sprechanteile: Die dialogische Auseinandersetzung ist, wie es der duellhaften Grundsituation entspricht, annähernd gleichgewichtig. Iphigenie wie auch Arkas entwickeln das, was sie zu sagen haben, jeweils einmal in einer längeren Passage (V. 1430–1440 bzw. V. 1466–1482). Im Übrigen herrscht aber lebhafte Rede und Gegenrede, oft in genau gleichgewichtigen Sprecheinheiten. Diese umfassen über eine längere Phase jeweils Doppelverse (V. 1483–1496).

Stichomythie: Der Begriff bezeichnet seit dem antiken Drama das mehrfache Aufeinanderfolgen von Rede und Gegenrede in jeweils einzelnen Versen (etwa IV,2,1444–1450 und 1456–1464). Diese extrem verkürzende, fast an Stoß und Gegenstoß beim Duell erinnernde Gestaltungsform eignet sich besonders dazu, erregte Wortwechsel von souverän über die Sprache verfügenden Figuren darzustellen, in denen die jeweiligen Positionen oft sehr pointiert aufeinander prallen. Es stehen sich nämlich nicht einfach gegenläufige Bekundungen gegenüber, sondern die Argumente und Vorstellungen des Partners werden aufgegriffen und gegen ihn gewendet, z. B. in V. 1448 f.: „Erdringe nicht, was ich versagen sollte. / Versage nicht, was gut und nützlich ist."

Integration in ein Gesamtverständnis:

„Iphigenie auf Tauris" ist zwar in dem Sinn ein klassisches Drama, dass es klare formale Ordnungen aufweist. Das nimmt aber nicht die Form von Pedanterie und leerem Schematismus an. Unter und neben dem klassischen Formwillen ist an herausgehobenen Stellen immer wieder das Bedürfnis nach stärkerem Ausdruck, als ihn die klassische Grundform zulässt, spürbar. Das führt zu einer Reihe von Abweichungen, denen jeweils eine Ausdrucksfunktion zugeordnet werden kann. Bezeichnende Beispiele:

– **Wechsel des Versmaßes:** Dies findet an mehreren bedeutungsvollen Stellen des Schauspiels statt. In Iphigenies Monolog „Du hast Wolken, gnädige Retterin" (I,4) herrscht für die gesamte Dauer des Auftritts ein kürzerer, aus Trochäen ($\acute{x}$ x) und Daktylen ($\acute{x}$ x x) bestehender Vers, der durch die starken Anfangsbetonungen und die relative Kürze (nur 4 Hebungen statt 5 wie beim Blankvers) wesentlich klangstärker wirkt und zusammen mit der direkten Anrede (etwa V. 549: „O enthalte vom Blut meine Hände!") dem Gebetston dieses Auftritts eine besondere Dringlichkeit und Stärke des Ausdrucks verleiht. – Ähnlich Orest in III,2, wo ab V. 1281 zwar das jambische Versmaß beibehalten wird, jedoch die Verkürzung um eine Hebung der wahnhaften Anrede an die „Väter" große Intensität gibt. – Und schließlich das Parzenlied IV,5, zu dem Iphigenie in ihrer Verzweiflung greift und das als in den Schauspieltext eingelegtes Zitat eine ganz eigene strophische Form mit eindrucksvollen Klangfiguren verbindet.

– **Abweichungen vom Blankvers:** Sie finden sich an mehreren Stellen und sind keineswegs Nachlässigkeiten des Autors, sondern haben gleichfalls jeweils Ausdrucksfunktion. So etwa bei Orests Ausruf „[...] zwischen uns / Sei Wahrheit!" (III,1,1080 f.), wo der zweite Teil das Satzes allein als isolierter Block zwischen zwei vollständigen Blankversen steht und Orests plötzlichem Entschluss, sich aus der Lüge zu befreien, dramatisches Gewicht gibt. – Besonders tiefsinnig ist jedoch das „Lebt wohl!" (V,6,2174) des Königs Thoas: Diese letzten beiden Worte des Schauspiels vervollständigen nicht – wie sonst häufig bei Aufteilung eines Verses auf zwei oder gar drei Sprecher – einen begonnenen Blankvers, sondern heben zu einem Vers an, der ohne Abschluss bleibt: eine einerseits (in einem sonst so formstrengen Werk) auffällige, andererseits höchst subtile Dissonanz zum Ende, die den fortbestehenden Riss in der zuvor erreichten Versöhnung mit den Mitteln der Metrik andeutet.

5 Iphigenies Gegenspieler (Pylades)

Textstellen:

Zentrale Textstelle: IV,4
Weitere Textstellen: I,2 und IV,2

Fragestellung:

In diesem Auftritt setzen sich Iphigenie und Pylades über den richtigen Weg, der Bedrohung zu entkommen, auseinander.
– Wie ist die Auseinandersetzung dramatisch gestaltet?
– Welche Vorstellungen bestimmen jeweils den Standpunkt der beiden Figuren?

Mögliche Lösung (auf IV,4 bezogen):

Die Auseinandersetzung gliedert sich in **mehrere Phasen:**

– Zu Beginn des Auftritts bringt Pylades die günstige Botschaft, dass der halb umnachtete Orest genesen ist und dass wieder Verbindung zu den Gefährten mit dem Schiff besteht. Er will nun unverzüglich mit Orest, Iphigenie und dem heimzuholenden Bild der Göttin Diana von der Insel der Barbaren fliehen und setzt ganz selbstverständlich voraus, dass Iphigenie mitkommt, der er als kluger Taktiker bereits ihr Verhalten dem König gegenüber vorgeschrieben hat.

- Die zweite Phase (ab V. 1566) wird eingeleitet durch eine der seltenen längeren Regieanweisungen des Werks: Nachdem Pylades schon zur Tat schreiten will, bemerkt er, dass Iphigenie ihm nicht folgt, bemerkt ihre Zweifel und erfährt, dass sie ihre vorgezeichnete Rolle nur zum Teil gespielt hat. Es gelingt ihm zunächst, Iphigenie durch den Hinweis auf die tödliche Gefahr wieder in seinen Plan einzufügen.

- Doch in einer dritten Phase (ab V. 1633) wird erneut Äußeres zum Symptom der inneren Hemmung; ein „stiller Trauerzug", den Pylades auf Iphigenies Stirn bemerkt, lässt die Auseinandersetzung erneut aufbrechen. Sie steigert sich zu erregter Rede und Gegenrede, die in einer zehn Verse umfassenden **Stichomythie** (V. 1643–1653) die gegensätzlichen Bewertungen aufeinander prallen lässt. Auf Pylades' „Der deinen Bruder schlachtet, dem entfliehst du" antwortet z. B. Iphigenies „Es ist derselbe, der mir Gutes tat". Beide Figuren argumentieren (und das ist typisch für die klassische Dramatik, die immer den dargestellten Einzelfall auf allgemein gültige Gesetzlichkeiten durchsichtig machen will) in thesenhaft allgemein gültiger Zuspitzung, wobei mehrfach jede die These der anderen aufnimmt und sie mit einem „Gegen-Satz" konfrontiert.

- In einer letzten Phase versucht Pylades nochmals seinen Plan als unausweichlich darzustellen; er sei der einzige Weg zur Rettung des Bruders, ihn nicht zu gehen bedeute die Schuld an seinem Tod. In der Gewissheit, dass Iphigenie sich dem fügen werde, verlässt er den Schauplatz.

Pylades vertritt in dieser Auseinandersetzung eine eindeutige Haltung: Sobald die praktische Möglichkeit dazu besteht, will er als Pragmatiker handeln und auf sein taktisches Geschick vertrauen. Dafür nimmt er die Rechtfertigung in Anspruch, dass er schließlich große Gefahr für Orest, dem er treu ergeben ist, abzuwenden sucht. Die moralische Dimension seines Handelns in weiterem Sinn, also die Frage danach, wie sein Handeln im Hinblick auf den zu täuschenden König und die Taurer zu bewerten ist, berührt ihn nicht.

Ganz anders **Iphigenie**: Sie, die als Priesterin auf Tauris den König und sein Volk auf den Weg der Humanisierung gebracht hat, kann diese Verantwortlichkeit nicht ausblenden. Daher lässt sich ihr Widerstreben gegenüber dem listigen Plan des Pylades nicht dauerhaft beschwichtigen; ihr Verstummen bei Pylades' siegesgewissem Abgang bleibt die Bestätigung für sein Vorgehen gerade schuldig. Sein Standpunkt ist von der Beschränktheit eines bloßen „Interessenvertreters" geprägt; Iphigenie dagegen schaut darüber weit hinaus und beruft sich auf ihr „Herz" (V. 1652): Im Menschen selbst ist die Stimme, die ihm sagt, was er tun darf.

Da jedoch auch Iphigenie die große Gefahr sieht, in der Orest, Pylades und sie selbst sich befinden, stellt die bedenkenlose Position des Pylades – immerhin der viel bequemere, nicht von Zweifeln heimgesuchte Standpunkt – auch für sie eine Verlockung und schwere Gefahr dar. Deshalb ihre mehrfachen Lobreden auf Pylades, deshalb auch ihr zeitweises Einschwenken auf seine Linie. Vom Ganzen des Schauspiels her gesehen würde sie sich mit der Entscheidung für Pylades' Weg jedoch in die frevelhaften Verstrickungen ihres Geschlechts einfügen. Insofern ist Pylades – der ja in gewissem Sinn einer untergeordneten Schicht in Iphigenies eigenem Empfinden entspricht – als der **eigentliche und gefährlichste Gegenspieler** Iphigenies anzusehen.

Integration in ein Gesamtverständnis:

Für die Rolle des Gegenspielers Iphigenies kommen zwei weitere Figuren des Schauspiels in Betracht. Mehrere Auftritte mit König Thoas und mit Arkas zeigen eine ähnliche Gestaltung des dramatischen Dialogs mit erregter Rede und Gegenrede bis hin zu weiteren Stichomythien.

Während Thoas im letzten Aufzug geradezu zum Partner auf dem Weg zur Humanität wird, bewegt sich Arkas als „Interessenvertreter der anderen Seite" auf einer mit Pylades vergleichbaren Ebene. Dies zeigt sich im Auftritt I,2, in dem Arkas dem Wunsch des Königs nach Iphigenies Hand mit allerlei Argumenten vorzuarbeiten sucht. Im Auftritt IV,2 – der von dem hier untersuchten nur durch einen Monolog Iphigenies getrennt ist – drängt Arkas auf den Vollzug des Opfers und bringt die ausweichende Iphigenie in Bedrängnis; immerhin wirken seine letzten Worte (V. 1500 ff.), mit denen er Iphigenie an das edle Verhalten des Königs ihr gegenüber erinnert, auf sie als Anstoß, sich Pylades' Plänen zu entziehen.

6 Der Mensch im Widerstreit (Thoas)

Textstellen:

Zentrale Textstelle: V,2
Weitere Textstelle: V,3,1935–1992

Fragestellung:

Auftritt V,2 zeigt König Thoas in einem inneren Konflikt.
- Welche Gefühle bewegen ihn und in welcher Form trägt er deren Widerstreit in sich aus?
- Wie wird hier und im folgenden Auftritt der Weg zum humanen Handeln sichtbar?

Mögliche Lösung (auf V,2 bezogen):

König Thoas reagiert in diesem Auftritt auf die Verdächtigungen gegen die fremden Gefangenen, aber auch gegen Iphigenie, die ihm Arkas mitgeteilt hat. Er nimmt, wie gleich der erste Vers zeigt, keine gleichbleibende Haltung ein. Zwar wird er zunächst durchgehend von „Grimm" (V. 1783) bestimmt; dass dies aber keine stabile Gemütslage ist, zeigt sich schon darin, dass sich sein Zorn einmal gegen Iphigenie, dann wieder gegen ihn selbst richtet.

Der **Zorn gegen Iphigenie** speist sich deutlich aus der Enttäuschung darüber, dass sie seinen Antrag abgewiesen hat und sich offenbar „ein eigen Schicksal" (V. 1799) bereiten will – die Empfindungswelt des befehlsgewohnten Herrschers einer patriarchalischen Gesellschaft schlägt hier durch. Diese Enttäuschung verleitet Thoas zu Gedankenspielen (wenn man Iphigenie nur nach alter Sitte härter angefasst hätte) und Unterstellungen („Durch Schmeichelei gewann sie mir das Herz", V. 1800), die dem im Schauspiel sichtbaren Charakter Iphigenies nicht gerecht werden.

Daraus ergibt sich Thoas' **Grimm gegen ihn selbst**: Er habe durch seine „Nachsicht" und „Güte" (V. 1786), Haltungen, die sie nun als selbstverständlich nehme, Iphigenie zu „List und Trug" (V. 1802) ermuntert.
Scheint Thoas hier ganz festgelegt auf den Rückfall in die früheren barbarischen Gebräuche und Denkweisen seines Volks, so ändert sich dieses Bild jedoch, wenn man auf den versteckten „Subtext" in seinen Äußerungen achtet. Er selbst erwähnt „meiner Ahnherrn rohe Hand" (V. 1790) und spricht in dieser Rückerinnerung an den Entwicklungsweg seines Volks eine positive Bewertung dessen aus, was er und sein Volk Iphigenie verdanken, nämlich die Heranführung an humanere Lebensformen. Auch hinter der sarkastischen Aussage „Zur Sklaverei gewöhnt der Mensch sich gut / Und lernet leicht gehorchen, wenn man ihn / Der Freiheit ganz beraubt" (V. 1787 ff.) steckt auf den zweiten Blick das – hier nur im Affekt verdeckte – Bewusstsein, dass die Freiheit und nicht die Sklaverei die dem Menschen gemäße Existenzform ist.

Die Form, in der Thoas den Widerstreit der Gefühle in sich austrägt, ist die des **Monologs**. Es ist eine der Situation angemessene Form. Sie findet sich im Drama jeweils dort, wo eine Figur in Konflikten steckt; wo eine Figur sich im Einklang mit sich selbst befindet, wären Monologe nicht „spannend". Kennzeichnend ist für das klassische Drama, dass im Monolog der Konflikt einer Figur durch das sprachliche Gegeneinanderstellen der widerstreitenden Positionen ausgetragen, also einer Prüfung des Bewusstseins unterzogen wird. Das Selbstgespräch ist ein Weg, zur Klarheit zu finden.

Bei Thoas scheint diese Klarheit allerdings nur verdeckt im Subtext – für den aufmerksamen Zuschauer oder Leser erkennbar – auf. Die Klärung und Überwindung der bedrängenden Affekte und damit der Weg zum humanen Handeln ist für Thoas selbst in seinen emotionalen Aufwallungen hier noch nicht sichtbar und möglich. Dies liegt auch daran, dass der Konflikt durch das Erscheinen der von ihm herbefohlenen Iphigenie nun im folgenden Auftritt auf der Ebene des Dialogs weitergeführt wird.

Integration in ein Gesamtverständnis:

Die abschließende Entscheidung des Königs, die die glückliche Lösung entbindet, wird buchstäblich bis zu den beiden letzten Worten des Schauspiels „Lebt wohl" (V,6,2174) hinausgezögert. Sie bereitet sich vor in der letzten Phase des Auftritts V,3,1935–1992. Gerade hat hier Iphigenie alle taktischen Rücksichten fallen lassen, dem König die volle Wahrheit entdeckt und die Entscheidung in seine Verantwortung gegeben: „Verdirb uns – wenn du darfst." (V. 1936)

Darauf befreit sich der König erstmals im Ansatz aus seiner bisherigen, von Enttäuschung, Misstrauen und Groll bestimmten Haltung, indem er sich staunend vergewissert, dass Iphigenie ihm, dem „rohe[n] Skythe[n]" (V. 1936) die Fähigkeit zur Menschlichkeit zumutet, also auch zutraut, die dem griechischen Tantalidengeschlecht verloren gegangen ist. Noch einmal drängt sich dann ein Argwohn vor, dass nämlich die Fremden Iphigenie getäuscht und sich nur als ihr Bruder und sein Gefährte ausgegeben haben könnten; ein Argwohn, den Iphigenie rasch zerstreut (V. 1953–1978).

Vor den letzten, wie ein Nachgefecht anmutenden Stichomythien des Auftritts kommt dann Thoas' Aussage, in der er sich nochmals im Zwiespalt darstellt, in der aber die glückliche Lösung schon verborgen liegt: „Unwillig, wie sich Feuer gegen Wasser / Im Kampfe wehrt und gischend seinen Feind / Zu tilgen sucht, so wehret sich der Zorn / In meinem Busen gegen deine Worte." (V. 1979–1982) Hier ist es, jetzt in größerer Deutlichkeit gegenüber dem Subtext des vorigen Auftritts, die **Metaphorik von Feuer und Wasser**, die den Ausgang voraussagt: Feuer wird am Ende vom Wasser gelöscht. Der Weg der Humanität ist fast unverhüllt sichtbar – nicht für den König, der ihn am Ende gehen wird, aber für den hellhörigen Zuschauer.

7 Weibliches Selbstbewusstsein (Iphigenies Monolog)

Textstellen:

Zentrale Textstelle: V,3,1892–1936
Weitere Textstellen: I,1,23 ff.; I,3,481 ff.; II,1,786 ff.; V,6,2067 ff.

Fragestellung:

- Auf welche Situation antwortet Iphigenies Monolog?
- Wie kommt ihre innere Verfassung in der Art ihres Sprechens zum Ausdruck?
- Welches Bild des Männlichen und des Weiblichen wird hier und in dem Schauspiel insgesamt entworfen?

Mögliche Lösung (auf V. 1892–1936 bezogen):

Die äußere Situation: Das bisher weitgehend verdeckte Kräftespiel hat sich nun zum unmittelbar bevorstehenden offenen Konflikt zugespitzt. Pylades hat, wie am Ende von IV,4 angekündigt, die Vorbereitungen zur Flucht der Griechen und zum Raub des Götterbilds getroffen; zugleich sind aber, wie sich aus dem von Arkas geäußerten Argwohn und den Anordnungen des Königs Thoas in V,1 ergibt, wirksame Gegenmaßnahmen getroffen worden. Der Ausbruch offener Kampfhandlungen – sie werden hinter der Bühne stattfinden – steht unmittelbar bevor und wird durch Orests Erscheinen in Waffen und seine Rufe an die kämpfenden Griechen in V,4 (also fast unmittelbar nach Iphigenies Monolog) manifest. Der Ausgang des Ringens ist angesichts der Überzahl der Taurer klar (Auftritt V,5 bestätigt es). – Zum Zeitpunkt ihres Monologs kennt Iphigenie aber weder die Gegenmaßnahmen noch die Aussichtslosigkeit des Kampfes. Das ist wichtig, weil sie Thoas die Wahrheit aus innerer Not und nicht wegen des Scheiterns der Fluchtpläne bekennt.

Die innere Situation: Iphigenie hat sich bisher zwiespältig verhalten und die Konflikte in ihrem Inneren ausgetragen. Auf der einen Seite steht die Sorge um das Schicksal von Orest und Pylades, der von diesem angebotene und auf der pragmatischen Ebene sich fast ausweglos aufdrängende, deshalb auch von Iphigenie widerstrebend – und ohne endgültige innere Entscheidung – in Kauf genommene Ausweg des Entkommens durch List und Betrug. Auf der anderen Seite fühlt Iphigenie die sittliche Verpflichtung zur Wahrheit gegenüber Thoas und den Taurern, die sie auf den Weg der Humanisierung gebracht hat und, wenn sie sie definitiv hinterginge, wieder in Barbarei zurückstoßen würde. Zwischen diesen Positionen hat sie bisher laviert. Den damit verbundenen extremen Druck hält sie aber nun, da die Entscheidung unmittelbar bevorsteht, nicht mehr aus: Würde sie weiter halbherzig die betrügerische Lösung des Pylades mittragen, so würde sie ja damit in die Reihe der Frevler ihres fluchbeladenen Geschlechts einrücken. So entscheidet sich Iphigenie, dem König die Wahrheit zu bekennen, ihn aber zugleich unter denselben sittlichen Anspruch zu stellen und ihm die Verantwortung für die Folgen aufzuerlegen.

Sprachlicher Ausdruck: Iphigenies Entschluss zur Wahrheit steht nicht zu Beginn des Monologs fest – sie holt weit aus, beginnt mit einer grundsätzlichen Reflexion über die „unerhörte Tat" des Mannes und die der Frau und bewertet dann sogar ihr „kühnes Unternehmen" (V. 1913), bevor sie die entscheidende Mitteilung macht (erst in V. 1919 ff.: „Ja, vernimm, o König, / Es wird ein heimlicher Betrug geschmiedet [...]"). In gewisser Weise bringt sie den großen „Sprung in die Wahrheit" durch den Schwung ihrer Sprache hervor. Dass sie in einer extrem aufgewühlten Verfassung ist, kommt in der sprachlichen Form ihres Monologs zum Ausdruck. Sie führt von den prägnanten großen Fragen des Beginns (V. 1892–1896) bis zu dem hypotaktisch reich entfalteten Gegensatzbild von Mann und Frau der folgenden Verse. Beherrschend sind die weit gespannten, mit großer Intensität von dem Nimbus der männlichen Heldentaten bis zu deren blutigen Folgen reichenden **rhetorischen Fragen.** Entsprechend dem Fortschreiten des Monologs folgen dann die informierenden Aussagesätze des konkreten Bekenntnisses (V. 1920–1933) und der lapidare Appell des metrisch unvollständigen Schlussverses „Verdirb uns – wenn du darfst" (V. 1935). Diesen nur begonnenen Blankvers vollendet bezeichnenderweise der König: ein formales Symptom seiner Empfänglichkeit für den Appell.

Integration in ein Gesamtverständnis:

Das im Monolog entworfene Gegensatzbild des Männlichen und des Weiblichen – es entspricht der klassischen Auffassung von der Rolle der Geschlechter – sieht den Mann als den geschichtsmächtig Handelnden, der deshalb vom „wiederholenden Erzähler" (V. 1896; hier ist an die vortragenden Rhapsoden der antiken Epik zu denken) seinen Nachruhm erhält. Kühnheit, Gefahr, Gewalttat, Beute und Zerstörung sind die Kennzeichen der männlichen „unerhörten Tat". Dem setzt Iphigenie ein Bild der weiblichen „Tat" entgegen. Sie besteht nicht darin, es dem Mann gleichzutun „wie Amazonen", sondern als „kühnes Unternehmen" erfordert sie gleichfalls großen Mut, zerstört aber nicht, sondern bewahrt und stiftet Gemeinsamkeit. Iphigenie führt also nicht einfach ihren Entschluss aus, sie misst ihm vielmehr mit spezifisch weiblichem Selbstbewusstsein eine grundsätzliche Bedeutung bei.

Eine entsprechende Argumentationslinie verfolgt Iphigenie – die sich ja als das Opfer eines Familienfluchs sieht, der durch Gewalttaten und Krieg (Opferung in Aulis!) bestimmt ist – über das gesamte Schauspiel immer wieder mit geradezu kämpferischer Entschiedenheit. Das beginnt im ersten und endet im letzten Auftritt. Schon in I,1 wird die duldende Rolle der Frauen im Haus und erst recht im Krieg beklagt; in V,6 weist sie den Zweikampf, den Orest vorschlägt und zu dem Thoas bereit ist, als männliches Muster der „Konfliktlösung", das wieder Opfer hinterlassen müsste, energisch zurück. Dem gesamten Schauspiel liegt also ein durchdachtes Rollenkonzept für Mann und Frau zugrunde, das ein durchaus kritisches Bild der Männerwelt entwirft und damit manchmal höchst modern-emanzipatorisch anmutet.

8 Was in „Iphigenie" fehlt (Schillers Kritik)

Textstellen:

Zentrale Textstelle: V. Aufzug
Weitere Textstellen: im gesamten Dramentext zu finden

Fragestellung:

In einem Brief vom 21. Januar 1802 bemerkt Friedrich Schiller über Goethes „Iphigenie": „[...] die sinnliche Kraft, das Leben, die Bewegung und alles, was ein Werk zu einem ächten dramatischen specificirt, geht ihr sehr ab."
– Wie lässt sich diese Aussage an der dramatischen Gestaltung des V. Aufzugs konkretisieren?
– Inwieweit lässt sich mit ihr eine kritische Betrachtung von Goethes Schauspiel begründen?

Mögliche Lösung (auf den V. Aufzug bezogen):

Schauplatz: Für das gesamte Schauspiel wird (im Anschluss an das Personenverzeichnis) nur ein einziger Schauplatz angegeben: „Hain vor Dianens Tempel". Dies gilt also auch für den V. Aufzug. Nähere Angaben fehlen völlig. Es liegt offenbar in der Intention des Werks, dass der Schauplatz relativ neutral und kaum gegenständlich gefüllt erscheint.

Handlungsführung: Selbst da, wo sich das Geschehen dramatisch zuspitzt, wo offenbar ein Kampf im Gang ist, sieht dies der Zuschauer nicht; er erfährt nur davon aus den nach dem Hintergrund der Bühne gerufenen Appellen des Orest („Verdoppelt eure Kräfte! Haltet sie / Zurück!", V. 1992 f.) und des Pylades („Verweilet nicht! Die letzten Kräfte raffen / Die Unsrigen zusammen; weichend werden / Sie nach der See langsam zurückgedrängt", V. 2012 ff.). Das offenbar „real" stattfindende dramatische Ringen zwischen den griechischen Seefahrern und den skythischen Kriegern wird dem Zuschauer nicht lebendig vor Augen geführt, sondern nur in der Art des antiken „Botenberichts" indirekt vermittelt.

Figuren: Alles ist – wie im gesamten Schauspiel – auf die nur fünf auftretenden Figuren konzentriert. Das führt entschieden über die Grenzen der szenischen Wahrscheinlichkeit hinaus – es gibt z.B. keine Wachen für die griechischen Gefangenen. Einziges Zugeständnis: Orest erscheint in V,4 „gewaffnet" und auch Thoas greift hier zum Schwert. Aber das wird ganz schnell wieder neutralisiert, und zwar durch sprachliches Einwirken Iphigenies. Überhaupt erscheinen die Figuren fast nur als Sprechende – sie haben keinen Hunger und keinen Durst, sie werden nicht bei tätigen Verrichtungen gezeigt (deshalb auch kaum Regieanweisungen), sie sprechen fast ausschließlich. – Wie tun sie das?

Sprache: Wie im gesamten Schauspiel ist die Sprachform der Blankvers, der fünfhebige Jambus. Auch bei erregten Auseinandersetzungen (z.B. die Stichomythie V. 1804–1809) und über verschiedene Sprecher hinweg (etwa V. 2002 f.) wird diese gemessene Form beibehalten. Die Affekte gewinnen niemals das Übergewicht über die menschliche Kontrolle; selbst wo es um schroff gegensätzliche Bestrebungen geht, werden diese in einer allen Figuren gemeinsamen, in diesem Sinn einvernehmlichen Form ausgetragen. Die gemeinsame, zuchtvolle Sprache ist in gewisser Weise der formale Ausdruck der alle Menschen verbindenden Humanität. Das heißt aber auch: Das Schauspiel verzichtet darauf, dem Zuschauer z.B. den Gegensatz zwischen den zivilisierten Griechen und den doch noch als halb barbarisch vorzustellenden Skythen durch gegensätzliche sprachliche Charakterisierung vorzuführen!

Integration in ein Gesamtverständnis:

Schillers Bemerkung ist charakterisierend (also die Eigenart des Schauspiels beschreibend), aber durchaus auch kritisch gemeint. Beide Tendenzen lassen sich folgendermaßen ausführen:

–   Der Vorrang der sprachlichen Auseinandersetzung gegenüber dem äußeren Bühnengeschehen, die Beschränkung auf einen eher symbolisch sparsam als realistisch vielfältig ausgestalteten Bühnenraum, die Darstellung von Menschen, die durchweg durch Beherrschung, Maß und Würde gekennzeichnet sind – all das bedeutet (schon für die Zeitgenossen, erst recht aber für Zuschauer einer mit *action* überfütterten Zeit) in der Tat einen weitgehenden Verzicht auf das Spektakel. Man kann darin wie Schiller eine Verarmung im Sinnlichen sehen.

- Eine solche Darstellungsweise ist andererseits die konsequente Entsprechung zum klassisch-idealistischen Denken, für welches das Innere Vorrang gegenüber dem Äußerlichen hat und das dem sinnerfüllten Wort mehr weltgestaltende Kraft zutraut als dem Wirken der Verhältnisse und Verhängnisse. Wie Iphigenies „unerhörte Tat" eine Leistung ihres starken Ichs gegen alle taktischen Rücksichten ist, so verzichtet die dramatische Darstellung auf alle äußerlichen Spannungseffekte.
- An den Zuschauer wird dabei ein hoher Anspruch gestellt. Ihm wird zugemutet, mit aller Konzentration das komplizierte Ineinanderwirken von Verstrickungen aus der Vergangenheit, ausweglos erscheinendem Fortwirken dieser Verstrickungen auf die Gegenwart der Bühnenfiguren und schließlich der sich durchsetzenden befreienden Entscheidung Iphigenies zu verfolgen, ohne dass er sich an einem fassbaren äußeren Geschehen orientieren kann. Wenn er dazu allerdings willens und in der Lage ist, kann er an Intensität des Miterlebens gewinnen, was ihm an Abwechslung und Spektakel abgeht.

Stichwortverzeichnis

Lektürehilfen – Literatur erleben

Lektürehilfen sind der Schlüssel zum besseren Verständnis von Literatur:

– Die wichtigen Themen kennen dank thematischer Kapitel.

– Die richtigen Antworten wissen durch die Vorbereitung mit typischen Abiturfragen.

Bertolt Brecht
Der gute Mensch von
Sezuan
ISBN 978-3-12-923081-7

Bertolt Brecht
Leben des Galilei
ISBN 978-3-12-923066-4

Friedrich Dürrenmatt
Der Besuch der alten
Dame
ISBN 978-3-12-923054-1

Georg Büchner
Dantons Tod
ISBN 978-3-12-923073-2

Georg Büchner
Woyzeck
ISBN 978-3-12-923005-3

Friedrich Dürrenmatt
Die Physiker
ISBN 978-3-12-923079-4

Theodor Fontane
Effi Briest
ISBN 978-3-12-923029-9

Max Frisch
Andorra
ISBN 978-3-12-923075-6

Max Frisch
Homo faber
ISBN 978-3-12-923061-9

Johann Wolfgang von
Goethe
Faust – Erster Teil
ISBN 978-3-12-923063-3

Johann Wolfgang von
Goethe
Iphigenie auf Tauris
ISBN 978-3-12-923062-6

Johann Wolfgang von
Goethe
Die Leiden des
jungen Werther
ISBN 978-3-12-923006-0

Gerhart Hauptmann
Die Ratten
ISBN 978-3-12-923049-7

E.T.A. Hoffmann
Der Sandmann
ISBN 978-3-12-923071-8

Franz Kafka
Der Proceß
ISBN 978-3-12-923023-7

Franz Kafka
Die Verwandlung
ISBN 978-3-12-923077-0

Heinrich von Kleist
Michael Kohlhaas
ISBN 978-3-12-923024-4

Heinrich von Kleist
Die Marquise von O. /
Das Erdbeben in Chili
ISBN 978-3-12-923055-8

Heinrich von Kleist
Prinz Friedrich von
Homburg
ISBN 978-3-12-923056-5

Wolfgang Koeppen
Tauben im Gras
ISBN 978-3-12-923051-0

Gotthold Ephraim Lessing
Emilia Galotti
ISBN 978-3-12-923074-9

Gotthold Ephraim Lessing
Nathan der Weise
ISBN 978-3-12-923068-8

Liebeslyrik
ISBN 978-3-12-923031-2

Lyrik der Nachkriegszeit
1945 – 1960
ISBN 978-3-12-923013-8

Thomas Mann
Buddenbrooks
ISBN 978-3-12-923058-9

Thomas Mann
Mario und der
Zauberer / Tonio Kröger
ISBN 978-3-12-923059-6

Joseph Roth
Hiob
ISBN 978-3-12-923076-3

Neue Sachlichkeit
ISBN 978-3-12-923052-7

Friedrich Schiller
Kabale und Liebe
ISBN 978-3-12-923065-7

Friedrich Schiller
Maria Stuart
ISBN 978-3-12-923078-7

Friedrich Schiller
Die Räuber
ISBN 978-3-12-923026-8

Bernhard Schlink
Der Vorleser
ISBN 978-3-12-923070-1

Peter Stamm
Agnes
ISBN 978-3-12-923072-5

Patrick Süskind
Das Parfum
ISBN 978-3-12-923064-0

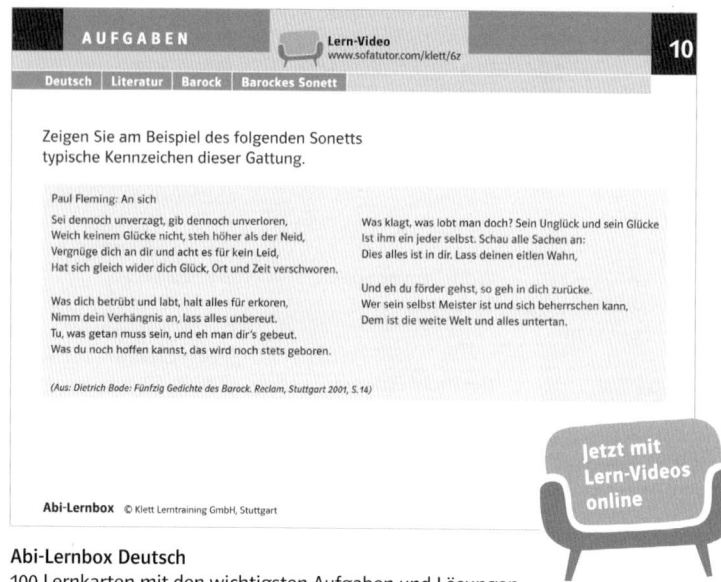

Die besten Karten im Abi

Die ersten Lernkarten fürs Abitur mit den 100 wichtigsten Aufgaben, die man im Abitur beherrschen muss. Die Karteikarten im A6-Format beinhalten Aufgaben, Lösungen und, auf der aufklappbaren Innenseite, ausführliches Wissen zum jeweiligen Thema.

AUFGABEN   Lern-Video
www.sofatutor.com/klett/6z   **10**

Deutsch | Literatur | Barock | Barockes Sonett

Zeigen Sie am Beispiel des folgenden Sonetts
typische Kennzeichen dieser Gattung.

Paul Fleming: An sich

Sei dennoch unverzagt, gib dennoch unverloren,
Weich keinem Glücke nicht, steh höher als der Neid,
Vergnüge dich an dir und acht es für kein Leid,
Hat sich gleich wider dich Glück, Ort und Zeit verschworen.

Was dich betrübt und labt, halt alles für erkoren,
Nimm dein Verhängnis an, lass alles unbereut.
Tu, was getan muss sein, und eh man dir's gebeut.
Was du noch hoffen kannst, das wird noch stets geboren.

Was klagt, was lobt man doch? Sein Unglück und sein Glücke
Ist ihm ein jeder selbst. Schau alle Sachen an:
Dies alles ist in dir. Lass deinen eitlen Wahn,

Und eh du förder gehst, so geh in dich zurücke.
Wer sein selbst Meister ist und sich beherrschen kann,
Dem ist die weite Welt und alles untertan.

(Aus: Dietrich Bode: Fünfzig Gedichte des Barock. Reclam, Stuttgart 2001, S. 14)

Jetzt mit Lern-Videos online

Abi-Lernbox © Klett Lerntraining GmbH, Stuttgart

Abi-Lernbox Deutsch
100 Lernkarten mit den wichtigsten Aufgaben und Lösungen
ISBN 978-3-12-929269-3 | 19,95 Euro